マルクス剰余価値論の地層

齊藤彰一

八朔社

はしがき

　この本は，2008年に提出した博士論文を手直ししたものである。手直しした部分は，わずかであった。が，博士論文をまとめるにあたっては，膨大な内容上および形式上の手直しを行った。特に，第2章および第6章は完全に書き換えた。第6章について述べておく。この章は，もともと修士論文で「労働力の価値または価格の労賃への転化」を取り扱った論文をもとにしている。しかし，その後幾度もの考察を経て，修士論文で得た結論は間違っていると判断した。したがって，この章は，修士論文と同じ主題を取り扱っているとはいえ，まったく正反対の結論となっている。

　著書を出版するにあたって，私自身のプロフィールを紹介しておくことは，僭越なことではあるが，内容の理解にとって決して無駄ではないと思われる。

　私は，1988年，漠然とした志をもって，大学で経済学を学び始めた。そこで教わった経済学は，いわゆる「近代経済学」を主流とするものであった。1年時からマルクスの思想に興味はもっていたが，本格的に勉強する機会はなかった。しかし，『ドイツ・イデオロギー』その他の作品に，授業や大学の開催するセミナーで触れるにつれて，自分自身，次第にマルクスの思想にとりつかれていった。が，1年時を過ぎると，いわゆる近代経済学の「主流派」の経済学を教え込まれることになった。

　大学4年次になって，文学部のある先生が「資本論を読む講座」を開催してくれた。大学時代に『資本論』の内容くらいは頭に入れておこうと，そのセミナーに参加を決めた。開催されるたびごとに参加人数は減っていったが，私の『資本論』への興味はますます大きくなっていった。そして，自分自身でも自主的に研究するようになり，『資本論』研究に人生を捧げようと決心した。

　すでにその頃，ソ連・東欧の「社会主義国」は崩壊していた。その事実

によって，信念がいささかも揺るがなかったとは言わない。しかし，あえて問おう。マルクス主義がなければ，弁証法がなければ，ひとはどうやって世界を把握するのか？

東京都立大学（現・首都大学東京）の大学院に入学して，私は宮川彰先生のもとで研究することになった。当時の都立大学の研究環境は快適で，必要な書籍は，経済学部の専用の図書館にほとんどすべて揃えられていた。また，宮川先生は，忙しいなかを，親身になって論文の指導をしてくださった。私は，いまでもこのご恩を忘れたことがない。研究者の身になってからも，先生との交流は続いている。いまだに学恩を返せないでいるが，私は，この研究室の出身であることに誇りをもっている。

大学院を単位取得退学したあと，私は，運よく岩手大学人文社会科学部の講師に任ぜられた。そこで新しい課題にとりくむことになった。はたしてマルクスと，それ以前の古典派経済学とは，どのように違うのか？　マルクスはそれをどのように認識し，そして，その問題をどのように処理しているか？　というものであった。そしてずっとこの問題を考え続けるようになった。

その思考の集成がこの本である。この本は，ただひとつの主題だけを飽きもせず取り扱っている。マルクスは，古典派経済学と自分自身とを，どのような観点から区別していたか？　ということである。

むろん，これは常識的すぎる問題意識かもしれない。常識的すぎて，論ずるに足らないようなものかもしれない。しかし，あえて言っておこう。過去に似たような問題意識で書かれた著作物があったとしても，それをいっそう展開し，具体化し，読者に対して絶えず回顧してもらうことは何よりも重要なことなのである，と。

岩手大学人文社会科学部は，その静かな思考のための，絶好の場所を提供してくれた。また，広く哲学について，歴史について，言語について，あるいはまた経済学について共同に勉強し考えを深めあう同僚をもつことができた。したがって，この本は，大学の親しい友人たちに支えられて出

はしがき

来上がったものである。特に，人文社会科学部の経済システムコースのすばらしい先輩・同僚の先生方には，いくら感謝してもしきれないほどである。

　また，この本を刊行するにあたって，八朔社の片倉氏から多大なる尽力を受けたことを感謝したい。

　最後に私が大学・大学院教育を受けるのを温かく見守ってくれた父と母に感謝し，筆を擱くこととする。

　　2011年9月30日　盛岡の自宅にて

　　　　　　　　　　　　　　　　　　　　　　　　著　　者

目　次

はしがき

序　章 11

第1篇　マルクスによる古典派「剰余価値」把握に関する研究

第1章　剰余価値の「原因」への問い 29
　Ⅰ　問題の所在 29
　Ⅱ　フランス語版『資本論』第16章「絶対的剰余価値と
　　　相対的剰余価値」の検討 34
　　1　生産的労働の補足的規定　35
　　2　絶対的剰余価値と相対的剰余価値との関連を区別　35
　　3　剰余価値の自然的基礎　35
　　4　リカードウおよびリカードウ学派への批判　36
　Ⅲ　フランス語版『資本論』第16章「絶対的剰余価値と
　　　相対的剰余価値」の解説 37
　　1　リカードウならびにリカードウ学派への批判　37
　　2　剰余価値の原因は生産力ではない　42
　Ⅳ　古典派による剰余価値の原因への問い 43
　Ⅴ　「労働の資本への包摂」論が削除された理由 46
　小　括 48

第2章　リカードウ利潤論とマルクス剰余価値論 53

7

	I	問題の所在	53
	II	リカードウの利潤論	55
	III	剰余価値と労働力の価値との分割の理論	59
	IV	マルクスはなぜリカードウ流の表現を用いたのか	64
	V	結論	68
	小括		69

第3章 古典派経済学の剰余価値率と近代経済学の分配率 73

　I　問題の所在 73

　II　古典学派の剰余価値率とマルクスの剰余価値率 76

　III　古典学派の剰余価値率・定式IIの由来 78
　　1　古典派剰余価値率と賃金「後払い」 78
　　2　古典学派の剰余価値率・定式IIの限界 80
　　3　第16章の構成とその意義 81
　　4　第16章の他の章への影響。第16章の第5篇内部における意義 82

　IV　古典派の剰余価値率の歴史的展開 84
　　1　リカードウにおける剰余価値率概念 85
　　2　J.S.ミルのケース 87
　　3　マーシャルの剰余価値率 88

　小括 91

第4章 ジョン・スチュアート・ミルにおける剰余価値率と利潤率 97

　I　問題の所在。J.S.ミルにおける
　　剰余価値率と利潤率との意識的な混同 97

　II　J.S.ミルにおける剰余価値率と利潤率との混同——その起源 103

　　　　　　　　　　　　　　　　　　　　　　　　目　次

　　　1　ミル『経済学試論集』該当箇所のあらまし　103

　　　2　ミルの例証の要約と計算の誤り　108

　　　3　ミルの誤った問題設定とマルクスによって正された問題設定　110

　　　4　ミルによる不変資本の分解　112

　　　5　ミルによる利潤率の剰余価値率への還元　113

　Ⅲ　ミルによる問題設定の誤りと、
　　　それによってもたらされた内容の誤り………………………………115

　小　括………………………………………………………………………117

第5章　リカードウ価値論における一般的利潤率……………………121

　Ⅰ　問題の所在………………………………………………………………121

　Ⅱ　リカードウにおける本来的な問題設定の回避と
　　　二次的問題の設定………………………………………………………125

　Ⅲ　リカードウは本来的な問題をいかに回避したか……………………128

　　　1　リカードウの「第一の例証」　129

　　　2　リカードウの例証における「ぎごちなさ」clumsiness　136

　Ⅳ　リカードウが実際に取り組んだ問題…………………………………137

　小　括………………………………………………………………………140

　　　　　　　　第2篇　マルクス労賃論への問い

第6章　労賃という現象形態の「必然性」「存在理由」の解明………149

　Ⅰ　問題の所在………………………………………………………………149

　Ⅱ　労賃という現象形態の「必然性」「存在理由」……………………151

　Ⅲ　労賃形態の「必然性」「存在理由」でマルクスが言いたかったこと……154

9

1　労賃という現象形態の「生産」と「再生産」　154

　　　2　「必然性」「存在理由」とは何を意味するのか　155

　　Ⅳ　労賃形態の「必然性」「存在理由」の個別的解明 ……………………157

　　　1　労賃という現象形態の歴史的起源　158

　　　2　「必然性」「存在理由」の究明　159

　　　3　初版『資本論』における「必然性」「存在理由」の構成　168

　　Ⅴ　「必然性」「存在理由」は第二版においてなぜ改変されたか？……170

　　Ⅵ　初版『資本論』とそれ以前のテキストとの違いについて …………172

　　小　括 …………………………………………………………………………175

第7章　『資本論』における労賃論の成立過程 ……………………………183

　　Ⅰ　問題の所在 …………………………………………………………183

　　Ⅱ　『資本論』(初版)における労賃論の意義 ………………………186

　　　1　「1861-63年草稿」における労賃論の誕生　186

　　　2　初版『資本論』における労賃論の位置とその意義　192

　　Ⅲ　なぜ労賃論はドイツ語第2版で独立したのか ……………………194

　　　1　初版から第2版にかけての「労賃の国民的相違」論における叙述の変化　195

　　　2　第6篇「労賃」の意義とその独立　202

　　小　括 …………………………………………………………………………206

終　章 ………………………………………………………………………………215

　あとがき

　初出一覧

10

序　　章

　この論文で問題にするのは,『資本論　経済学批判 Das Kapital. Kritik der pokitischen Oekonomie』の副題「経済学批判」の意味を解明することである。我々はこの仕事を『資本論』第 1 巻の剰余価値論と,その補論である労賃論（現行版第 6 篇）について行う。労賃論を剰余価値論の補論とすることについては異論もあるだろうが,その点については後に詳しく述べる。

　マルクスが「経済学批判」の意味について述べている文言はいくつか存在する。しかしその主要なものは,『資本論』ではなく,その前著『経済学批判』を執筆するに際して述べられたものである。『経済学批判』を執筆するにあたって,マルクスはラサールに宛てて次のように書いている。

> さしあたり問題になる仕事は,経済的諸範疇の批判だ。あるいは,ブルジョア経済の体系の批判的叙述といってもいい。それは,体系の叙述であると同時に,叙述による体系の批判でもある。[1]

　マルクスによれば,「体系の叙述」であると同時に「叙述による体系の批判」を行うとのことである。最初の「体系の叙述」とは,文字通りマルクス自身の政治経済学の体系の創造ということであろう。したがって,後に書かれている「叙述による体系の批判」というのは,マルクスがいったん自分自身の体系を創り終えたあとに,それを梃子としてブルジョア経済学の批判を行うということである。

　ではどちらが目的なのだろうか？　両者は「同時に」行われると述べているのだから,体系の創設と経済学の批判とが,両方とも視野にはいっているというべきであろう。このことはエンゲルスも意識していたらしく,『カール・マルクス：経済学批判』（書評）では次のように述べている。

本書のような著作では，経済学から手当たり次第に個々の章をとりだして批判するとか，経済学上のあれこれの論争問題を孤立させて取り扱うとかいうことは，問題外である。本書はむしろはじめから，経済科学の全領域の体系的総括をめざしており，ブルジョア的生産およびブルジョア的交換の諸法則の関連的な展開をめざしている。経済学者はこれらの諸法則の通訳者，弁護者にほかならないから，この展開は同時に経済学の文献全体の批判ということになる。[2]

　この経済学批判という方法ないし理念は，『資本論』の段階においても副題として寄り添っている。したがって，『資本論』においても，新しい経済学の創造と，従来の経済学への批判が行われているとみるべきである。[3]
　それでは，『資本論』では，マルクスあるいはエンゲルスは，いかなる観点から経済学への批判を行っているのだろうか。我々が経済学者への批判と聞いて思い浮かべるのは，まず，彼らが出した解答に対する批判である。つまり，自ら提起した問いそのものは正しかったが，解答を出すことはできなかったという点に関する批判である。我々はこれに関する好例を，政治経済学者ではないが，価値関係をめぐる考察を展開したアリストテレスについての叙述に求めることができる。
　アリストテレスはまず，「五台の寝台がこれこれの貨幣と等価である」という命題は，「五台の寝台は一軒の家と等価である」，という命題と同じであるとする。つまり貨幣形態を簡単な価値形態に還元したわけである。マルクスはつぎのように続ける。

　彼は，さらに，この価値表現が潜んでいる価値関係は，それはそれでまた，家が寝台に質的に等置されることを条件とすること，そして，これらの感性的に異なる諸物は，このような本質の同等性なしには，同じ単位で計量される量として，相互に関連しえないであろうということを，見抜いている。「交換は同等性なしにはありえないが，同等性は同じ単

位で計量されうることなしにはありえない」。しかし，彼はここではたと立ち止まって，価値形態のそれ以上の分析をやめてしまう。「しかし，種類を異にする諸物が，同一の単位で計量されうることは」，ほんとうは不可能なことである。こうした等置は，諸物の真の性質にとって無縁なものでしかありえず，したがって，ただ，「実際上の必要のための応急手段」でしかありえない，というのである。

　したがって，アリストテレスは，彼のそれ以上の分析がどこで挫折したかを，すなわち，価値概念の欠如のためであることを，みずから語っているのである。寝台の価値表現において家が寝台のために表わしている等しいもの，すなわち共通な実体は，何か？　そのようなものは「ほんとうは存在しない」とアリストテレスは言う。なぜか？　家が寝台にたいして一つの等しいものを表わすのは，家がこの両方のもの，寝台と家とのなかにある現実に等しいものを表わすかぎりにおいてである。そして，これこそ——人間労働なのである。[4]

　アリストテレスは少なくとも，等価形態として機能している一軒の家が表現している「共通な実体」は何か，と問うところまでは到達したのである。これは問いとしては正しいものであった。しかし「ほんとうは存在しない」と自ら解答する。この解答は誤りであった。アリストテレスを誤りに導いた原因は，「ギリシャ社会は奴隷労働を基礎としており，したがって，人間およびその労働力の不平等を自然的基礎としていた」ことにある。だが，そうした歴史的限界を乗り越えて「共通の実体」を問うたところにこそアリストテレスの天才は認められる。[5]

　以上は，正しい問いを提起しながら，それに対して正しい解答を出すことができなかった例であった。だが，『資本論』およびその準備的労作のなかでなされる，経済学者たちへの批判においては，これとは別種の仕方の批判がなされるのである。この論文で問題にするのは，そうした事例である。つまり，経済学者たちが間違いは，正しい問題提起を行いながら正

しい解答に行き着けなかったことではなく，むしろ問題提起そのものが正しくなかったことに起因するとされるのである。我々はこの例証を，『資本論』第1巻第17章の労賃論から取り上げてみることにしよう。

　古典派経済学は，日常生活から無批判に「労働の価格」というカテゴリーを借用し，そのあとで，この価格がどのようにして規定されるか？と自問した。まもなく古典派経済学は，次のことを——すなわち需要供給の関係における変動は，他のあらゆる商品の価格についてと同じように労働の価格についても，価格の変動，すなわちある一定の大きさの上下への市場価格の動揺のほかには，なにも説明しないということを認識した。需要と供給とが一致すれば，その他の諸事情が不変ならば，価格の動揺はやむ。しかしそのときには，需要供給もまた，なんらかの説明であることをやめる。需要と供給が一致するとき，労働の価格は，需要供給の関係とは独立に規定される労働の価格，すなわち労働の自然価格であり，こうしてこの価格が，実際に分析されるべき対象であることが見いだされた。あるいは，たとえば一年というかなり長期の市場価格の諸変動を取り上げてみると，その騰落が相殺されて，ある中位の平均的大きさ，ある不変の大きさになることが見いだされた。この平均的大きさは，もちろん，互いに相殺されるそれ自身からの諸背理とはちがった仕方で規定されなければならなかった。労働の偶然的市場価格を支配し規制するこの価格，すなわち労働の「必要価格」（重農主義者）または「自然価格」（アダム・スミス）は，他の諸商品の場合と同じように，貨幣で表現された労働の価値でしかありえない。このようなやり方で，経済学は，労働の偶然的諸価格を通して労働の価値に迫っていくと考えた[6]。

　以上で述べられているのは，こういうことである。古典派経済学は，あたかも商品の価値量を規定するかのごとくに「労働の価値」の量的規定を試みた。そしてそれにはある程度成功し，その価値または価格の量的水準

序　章

を，労働の「必要価格」「自然価格」と呼称した。
　しかし，古典派経済学は「労働の価格」という概念をめぐって迷走することになる。

　　次に，この労働の価値は，他の諸商品の場合と同じように，さらに生産費によって規定された。しかし，生産費——労働者の生産費，すなわち労働者そのものを生産あるいは再生産するための費用とはなにか？　経済学にあっては，本来の問題が無意識的にこの問題にすり替えられた。というのは，経済学は，労働そのものの生産費でどうどうめぐりをして，少しも進まなかったからである。(7)

　「労働の価値」を労働価値説にもとづいて規定することは不可能である。「たとえば12時間労働日の価値は，何によって規定されるのであろうか？　12時間労働日に含まれる12労働時間によって——これはばかげた同義反復である(8)」。つまり労働時間を生産するための労働時間というものは定義不可能なのである。したがって古典派経済学にあっては「労働の価値とはなにか」という問題を無意識に回避し，「労働者の生産費とはなにか」という問題にすり替えたのである。古典派経済学は，とりあえず問題をそのように設定したうえで，労賃の量的規定およびそれに関連する諸数値の研究に没頭することになる。

　　（古典派経済学は）労働の市場価格と労働のいわゆる価値との区別，この価値と利潤率との，また，労働によって生産される商品価値などとの関係に没頭したので，分析の進行が，労働の市場価格から労働のいわゆる価値に行きついただけでなく，この労働の価値そのものをまたもや労働力の価値に分解するところまですでに行きついたことには，だれも一度も気がつかなかった。自分自身の分析のこの帰結を意識していなかったこと，考察の対象である価値関係の最終的な妥当な表現として「労

15

の価値」，「労働の自然価格」などの諸カテゴリーを無批判に採用したことは，《中略》古典派経済学を解決しえない混乱と矛盾におとしいれた。

古典派経済学が没頭していたのは労働の価値または価格の量的規定，およびその周辺カテゴリーとの量的諸関係であった。そのため，彼らは自分たちの分析が事実上「労働力」にたどりついていたことに気がつかなかった。古典派の分析は，まず労働の価格の絶えざる変動から労働の価値を抽出した。しかるのちに，その労働の価値がいかなる要因によって規定されるのか，ということまで事実上明らかにした。しかし，事実上明らかにするということと，形式的に明示するということとの間には天地の隔たりがあるのである。マルクスはこの点について，フランス語版で次のように書き加えている。

> だから，分析が到達した結果は，出発点で提出されたままの問題を解決することではなくて，その用語（les termes）をすっかり変えることであった。

「労働の価格とは何か」という「問題」を抱えたままでは正しい解答に達することはできない。「労働者の生産費とは何か」と問うこともしかりである。重要なのは，問題に示された用語と解答に示された用語とをすっかり変えることである。「労働の価格とは何か」などと問うたあげく「労働の生産に用いられる労働量」と答えたり，「賃金の生産に必要な労働量」などと答えるのは，ベイリーの指摘のごとく誤りである。

したがって次のように結論できるだろう。誤った問いに執着していることは，その答えとしての定義そのものの誤りを引き起こす。問いの変更こそが，あるいは問いに含まれている用語の変更こそが，定義を正しいものに導くのである。

この点につき，エンゲルスもまた同様のことを述べている。それは『資

序　章

本論』第２巻序言において剰余価値の発見の先取り権を主張するロートベルトゥスを批判するくだりである。

　ロートベルトゥスはマルクスが剰余価値と命名したものは，すでに以前に自分が「賃料」という名前で把握していたものと同じであると主張する。しかしエンゲルスの述べるところによれば，ロートベルトゥスもまた「剰余価値を呼ぶのに，それの転化した二次的形態の一つの名称——賃料——をもってし，なおそのうえにこの名称をまったくあいまいなものにしている」という。そのうえでエンゲルスはつぎのように問題を提起する。

　　しかしそれでは，マルクスは剰余価値についてどんな新しいことを言ったのか。ロートベルトゥスを含むすべてのマルクスの社会主義的先行者の諸理論が，影響もなくあとかたもなく消えてしまったのに，どうしてマルクスの剰余価値論が晴天の霹靂のように落ちてきたのか，それもすべての文明国において？

エンゲルスはマルクスの剰余価値説の画期的性格を，化学の発展の歴史になぞらえて説明する。

　　周知のように，前世紀の末にはまだ燃素説が支配していたが，それによれば，すべての燃焼の本質は，燃焼物体から他の仮説的物体——すなわち燃素という名で呼ばれた絶対的可燃物質が分離することにあった。この説は，ときにはこじつけでなくもなかったが，当時知られていたたいていの化学的現象を説明するには十分であった。

上記で「こじつけ」と言われているのは，こういうことである。フロジストン説はもともと1670年にシュタールが提示したものであったが，その当時から，燃焼した物体は，燃焼前より重量が重くなるということが確認されていたのである。もしフロジストンなる物体が燃焼のさい遊離するの

17

であれば，物体の重量は軽くなるはずである。この，重量の軽量化という問題は，些細な問題として無視されたり，あるいはフロジストンが負の質量をもっているなどとしてごまかされてきた。なるほど負の重量をもつ物質が遊離するのであれば，燃焼後の物質の重量は重くなるわけである。しかしこじつけといえなくもない。そこへラボアジエが現われた。彼は，プリーストリーが抽出した「無燃素気体」，シェーレが抽出した「火気体」を，まったく新しい化学元素である「酸素」であると命名した。そして，燃焼とは，燃焼物質と酸素が結合することであると説明した。そしてフロジストン説の土台の上に立っていた化学全体をひっくりかえし，革命をもたらしたのである。

　これと同じことがマルクスの剰余価値の発見にもあてはまる。マルクスが剰余価値と呼んだ部分は，古典派の時代からさまざまな呼称をつけられていた。利潤，地代，そして賃料と。

　　そこへマルクスが登場した。しかも彼のすべての先行者たちに直接に対立して。先行者たちがすでに解答を見たところに，マルクスはただ問題だけを見た。マルクスは，ここにあるのは無燃素気体でも火気体でもなく酸素であることを——ここで問題なのは，一つの経済的事実の確認でもなければ，この事実と永遠の正義および真正な道徳との衝突でもなく，経済学全体を変革することになった一つの事実，またその用法を心得ている人に資本主義的生産全体の理解のための鍵を提供する一つの事実であることを——見た[16]。

　つまりマルクスは，ラボアジエが，「無燃素気体」「火気体」と呼ばれていたものを再考して「酸素」を考案したのと同様に，従来「利潤」や「地代」と呼ばれていたものを再考して「剰余価値」という新しい概念を作り上げたのである。なぜマルクスにそれが可能だったか。それは，先行者たちが最終的な解答を見たところに，問いを投げかけたからである。「い

ま剰余価値と呼んでいる生産物価値の実存」とは何か，「それにたいして取得者がなんの等価物も支払っていない労働の生産物」とは何か。古典派経済学がそれらに投げかけた問いは，量的な分配関係はいかなるものになるか，ということであった。すなわち本来の問いを逸脱するものであった。本来的な問いとは，剰余価値の起源は何か，ということである。その問いから，いかなる労働が価値を生むのかという問い，商品から貨幣がいかにして生じるのかという問い，そして貨幣がいかにして資本に転化するのか，という問いが生まれる。「彼は，不変資本と可変資本との資本の区別を確認することによって，はじめて剰余価値形成の過程をその真の経過においてきわめて詳細に叙述し，こうしてそれを解明するにいたった」[17]。

　そこで問題が生じてくる。古典派経済学は，とくにリカードウはなぜ剰余価値を十分に把握できなかったのか，というものである。我々はその問題の手がかりを，『資本論』第1巻第5篇の叙述に求めることにした。結論を先取りして言えば，リカードウは剰余価値の起源とは何か，という問題をないがしろにしている。それを契機としてリカードウの視野は狭まり，経済学上のさまざまな問題が生じてくることになるのである。

　さらに，マルクスが剰余価値論を論じ終えた後には，労賃論を論ずることにする。この労賃論では二つの諸問題が取り扱われる。第一は労働力の価値または価格が労賃へ転化することに関するマルクスの認識の変化である。『資本論』以前のテキストと，第1巻第17章「労働力の価値または価格の労賃への転化」を読み比べることによって，それはなされるだろう。第二の問題は，労賃論全体の改訂である。労賃論は初版から第二版にかけて大幅な改訂が行われている。つまり現在のような形になるまでに大幅な改訂が行われているのである。その改訂の裏側に，いかなる問いの変更が存在したのかを考えて見なくてはならないだろう。

　したがって我々はまず，マルクスがいかにしてリカードウの「利潤論」（剰余価値論）を批判しているのかを検討してみることにする。しかるのちに，『資本論』の労賃論を検討してみることにしよう。この労賃論は，剰

余価値論を正確に理解することなしには把握しえないものである。マルクスの剰余価値論と労賃論を同時に検討することによって，「経済学批判」という表現の意味も明らかになるであろう。

(1) 1858年2月22日付，ラサール宛マルクスの手紙（Karl Marx-Friedrch Engels: Werke, Band 29, Institute fuer Marxismus-Leninismus beim ZK der SED, Dietz Verlag, Berlin, 1963, S.550-551.）なお，以下MEW, S.550-551と略記する。訳文は『マルクス＝エンゲルス全集』第29巻（大月書店，429ページ）を用いた。
(2) エンゲルス『カール・マルクス経済学批判』書評（ebenda., Band 13, S.472.）。なお訳文は『マルクス＝エンゲルス全集』第13巻（大月書店，474ページ）を用いた。
(3) ところで，従来の政治経済学の批判は，「剰余価値学説史」においてこそ行われているという見解もあるだろう。たしかに『資本論』には「この著書の第二巻は資本の流通過程（第二部）と総過程の諸姿容（第三部）とを取り扱い，最後の第三巻（第四部）は理論の歴史を取り扱うであろう」（初版への序言，1867年）と述べられている。この「最後の第三巻」は「剰余価値学説史」に該当するものである。したがって，従来の政治経済学への批判は「第四部」においてのみ行われ，「第一巻」「第二巻」は経済学の創設にあてられていると考えるのはあながち不適切ではない。しかし，マルクスは前出のラサール宛の書簡（1858年）のなかで次のようにも述べているのである。つまり，さしあたりの仕事は「体系の叙述であると同時に，叙述による体系の批判」となるが，「しかし，全体としては，経済学と社会主義との批判は別の一著作の対象をなすべきだろう。最後に，経済的諸範疇および諸関係の短い歴史的素描が第三の著作となるべきだろう」と。この「最後」の「経済的諸範疇および諸関係の短い歴史的素描」は「剰余価値学説史」を予期したものだと考えられる。しかし，それを除いてもなお「叙述による（経済学の）体系の批判」は，別個につまり『資本論』においてさしあたり行われると言明しているのである。したがって結論としては次のようになる。経済学にたいする批判は，なるほど「剰余価値学説史」で本格的に行われている。しかし，従来の経済学に対する批判の主要な内容（叙述による体系の批判）は，『資本論』において，折に触れて出現するのだということである。我々が問題とするのは，『資本論』において，折に触れて総括的に表現された経済学批判の部分である。
(4) Karl Marx/Friedrich Engels:Gesamtausgabe（MEGA）, Hrsg.vom der Institute fuer Marxismus-Leninismus beim ZK der SED, Abt2. Band10, Dietz Verlag, Berlin, 1991, S.60, 以下，MEGA II /10, S.60. と略記する。なお訳文は

序　　章

　　『資本論』（社会科学研究所監修・資本論翻訳委員会訳，新日本出版社）を用いた。以下同じ。
（5）「アリストテレスが，ふたつの，そのようにことなった諸事物のあいだに，なにひとつ共通なものをみいだせないということのうちには，かれの論理能力の弱さはけっしてあらわれていないし，観察力の欠陥があらわれているわけでもなく，ちょうどその反対に，かれの精神の弁証法的な力とふかさがあらわれているのである。」（Э.B. イリエンコフ，花崎皋平訳『資本論の弁証法』合同出版，86ページ）。
（6）　MEGA Ⅱ/10, S.481-482.
（7）　MEGA Ⅱ/10, S.482.
（8）　MEGA Ⅱ/10, S.479.
（9）　MEGA Ⅱ/10, S.482.
（10）　MEGA Ⅱ/7, S.464. なお訳文は『フランス語版資本論』（江夏美千穂・上杉聰彦訳，法政大学出版局）を用いた。
（11）　MEGA Ⅱ/10, S.479. 第17章の脚注を参照。リカードウは「労働の価値」が労働によって決まるという無意味な定義の困難を避けるべく，「労働の価値」を賃金の生産に必要な労働の量に依存するとたくみに方向転換した。そのことをベイリーが追及していることを，この脚注は物語っている。
（12）　「なぜ科学は，それが生産するものや自分の生産する働きについて必然的に盲目となるのであろうか。なぜなら，経済学は自分の古い問いに目を固定したままでいるからであり，その古い問いに新しい答えを結びつけるからである。」（Louis Arthusser, Jacques Ranciere, Pierre Macherey, *Lire le Capital*, tome I, Francois Maspero 1965). ルイ・アルチュセール，ジャック・ランシエール，ピエール・マシュレー『資本論を読む』（ちくま学芸文庫，上巻，41ページ）。
（13）　MEW, S.20.
（14）　MEW, S.21.
（15）　MEW, S.21-22.
（16）　MEW, S.23.
（17）　MEW, S.24.

第 1 篇
マルクスによる古典派「剰余価値」把握に関する研究

この第1篇の目的は，マルクスが『資本論』その他の労作において，いかに古典派経済学なかんずくリカードウを批判しているのかを示すことにある。では，マルクスは古典派の何をとがめて批判するのだろうか。それは，序章にて確認したとおり，彼らに正しい問いが存在しなかったこと，あるいは問いのなかに正しい用語が存在しなかったこと，その代わりに誤った問いを提起していたこと，そしてその結果として，誤った解答しか引き出すことができなかったということである。

　そのために本篇では，『資本論』第1巻第5篇「絶対的剰余価値と相対的剰余価値の生産」に的をしぼってマルクスによる古典派経済学批判を論ずることにする。なぜこの箇所に注目するかといえば，この箇所は古典派経済学批判がもっとも明らかに打ち出されている部分であり，またその批判は，ふるく「1861－63年草稿」に由来するものであるからである。つまり，古典派の剰余価値学説批判のためのカギとなる内容が「1861－63年草稿」に存在し，それが『資本論』第1巻において集中的に著されているのが，この第5篇なのである。したがって，我々の方法はつぎのようなものになるだろう。すなわち，『資本論』第5篇のなかに，マルクスが古典派を批判するにあたっての手がかりを見つける。そして，「1861－63年草稿」を参考にしながら，マルクスの言説の真意を掘り起こし，第5篇の全体的解釈を求める，というものである。

　したがって本篇では次のような構成をとることになる。まず第5篇を構成する三つの章をそれぞれ別個のものとして分解する。そのうえで，分離された章のなかに含まれる古典派経済学への批判を読み取る。そしてその批判が，各章のなかでいかに展開されているのかを検討するのである。そして，各章における古典派経済学への批判が，いかなる一貫した連関をもっているのかを考察する。以上のようにして，第5篇の内容検討は進めら

れることになるだろう。

　だが，ここで一つの解釈を退けておかなくてはならない。『資本論』の解説あるいは解釈と称する書籍・論文のたぐいはあまたあるが，殊にここ第5篇に関しては「解釈」は不思議なほど一致しているのである。というより，半世紀以上も前に書かれたローゼンベルグ『資本論注解』[(1)]を逸脱するような解釈は一切出ていないのである。

　ローゼンベルグによれば，第5篇の必要性は，「剰余価値生産の理論が，同時に資本制生産様式の発生および発展の理論である」という性格から起因するものなのだという。あたかも一つの「建築物」を作り上げるかのごとく『資本論』は構築されてゆくものなのだという。そのことを踏まえたうえで，彼は次のように述べる。

　　ここではただ，この方法の特性の一つを記しておく必要がある。すなわちこの方法はつねに，獲得された諸結果の一般的総括をいわば特殊の題目のもとにとりだすことを要求する研究はいつも，抽象的なものから具体的なものへと前進するにつれて「段階的に」「一面的に」行われる。しかしこの「多様性における統一」は，徐々に成長するものであるから，それは一般的把握を必要とし，かかる把握によって研究が完成されねばならぬ。なぜなら，すでに述べたように，研究が「階段的に」「一面的に」行われていたかぎり，研究の範囲内に納まりきらぬ諸問題がつねに残されているからである。

　　研究される現象の個々の諸契機ではなくそれらの総体，すなわちその全多様性における現象を，前提することによって，はじめて解決されうるような諸問題がつねに存在する。かかる問題は，これを特別に研究するために別に切り離さねばならぬことは明白である。

　　前二篇の分析の諸結果を総括すること，絶対的剰余価値および相対的剰余価値の生産としての資本制生産を統一的に把握すること，また剰余価値のこの双方の形態に同じ程度に関連した諸問題をも研究すること，

――これらすべてが本篇の内容を構成する。この篇は「絶対的剰余価値の生産」と「相対的剰余価値の生産」との篇を綜合し補足する。[2]

　見られるように，ローゼンベルグによれば第5篇は絶対的剰余価値論と相対的剰余価値論との「綜合」であり「補足」のための内容をもっているとのことである。だが，言い換えれば，前2編で論じ切れなかった問題を雑多に集めたものとも解釈しうる。そのような趣旨をもったものとして，マルクスは一篇という形式を与えるだろうか？　もし論じ切れなかった問題が前二篇に残存しているというのなら，例えば脚注なりでそれを補うこともできたはずである。実際，現行版『資本論』の第5篇は第1巻694ページ中，23ページを占めているに過ぎない。[3]一篇としてはあまりにも短すぎるのである。したがって技術的な観点からすれば，第5篇の内容を前2篇の「脚注」として取り扱うことも可能なのである。もしこの部分を独立した一篇として取り扱う意志がマルクスにあったのであれば，「綜合」や「補足」以上の内容が含まれていると考えるべきであろう。

　結論からすれば，第5篇の主要な目的である経済学批判なかんずくリカードウの経済学を批判することである。ローゼンベルグもそのことは考慮に入れてはいる。「第16章では『剰余価値率の種々の範式』が考察され，《中略》けだし，誤れる範式はいずれの形態をも歪曲する」[4]。しかし，そのように認識してはいても，いざ第16章の解説にいたるとローゼンベルグは古典派経済学のことにはほとんど触れてはいないのである。

　少なくともローゼンベルグが，この篇の注解にあたって，政治経済学批判のことをほとんど念頭においていなかったのは事実である。ローゼンベルグの念頭にあったのは，いかにして上向法的な展開に第5篇の内容を合致させるよう解釈を行うか，ということでしかなかった。

　我々はこれから，第5篇を構成する三つの章の内容的検討に入る。その場合，ローゼンベルグによる各章の解説を，あくまでも反面教師として取り扱うことになるだろう。そして彼の解釈をのりこえつつ，第5篇を政治

経済学批判として提示するよう努めてみることにしたい。

(1) Д. И. Розенъерг《Комментарии ко первому,второму, и третъему томам "Капитала" К. Маркса》Москва, 1931г.（デ・イ・ローゼンベルグ『資本論注解』梅村二郎訳，開成社，1932年）。
(2) там же（『資本論注解』第2分冊，408ページ）。
(3) MEGA II/10（現行版『資本論』より換算）。
(4) там же（『資本論注解』第2分冊，409ページ）。

第1章　剰余価値の「原因」への問い

I　問題の所在

　リカードウの『経済学および課税の原理』(1)とマルクスの『資本論』の内容を比較検討しようとするばあい，我々はまずそれらの類似性に注目する。たとえば両者とも投下労働価値説を基礎に据えて理論展開を図ったこと，あるいは両者とも差額地代を考察していることなどである。このように両者のあいだに類似性を見いだすという方法は，マルクスを古典派経済学の正統的な後継者であるとする前提から当然に発生するものである。しかしリカードウとマルクスが同じであれば，マルクスの存在意義はないのであるから，両者のあいだには類似性だけでなく差異もまた存在するというべきであろう。両者の差異を論ずるということは，すなわちマルクスの古典派経済学に対する独自性を明らかにするということである。この差異についてもまた我々は数多くの例証を挙げることができるだろう。しかしここで問題にしたいのは，両者の差異の「性質」のことである。

　リカードウおよびリカードウ学派と，マルクスとの差異についての代表的な事例は，マルクスの死の二年後，1885年にエンゲルスが執筆した「『資本論』第2部への序言」に見いだすことができる。ここでエンゲルスはリカードウ学派が破綻した原因を二点にわたって指摘している。それは労働力商品の発見に関するものと，平均利潤率の形成に関するものである。エンゲルスはこの文章を，直接的にはリカードウ学派が破綻した原因を説明する意図をもって書いたのであるが，リカードウとマルクスとの学説史的な差異を究明するという我々の観点からみても興味深い。ここでは労働力商品にかんするものを紹介してみよう。

労賃，すなわち一定分量の生きた労働の価値は，この同じ分量の生きた労働によって生み出される生産物——またはこの労働分量がそれのなかに自己を表わす生産物よりも小さい。

　労働者は資本家に「労働」を譲り渡し，労賃である「労働の価値または価格」を対価として支給される。この「労働の価値」または「労働の価格」とはなにか。古典派経済学がこの表現をめぐって迷走し，ひいては俗流経済学がこの表現を文字通り受け取り，「作戦基地」としたことはマルクスの指摘するとおりである。エンゲルスはこれに関して次のように述べる。

　問題はこのような捉え方では，実際には解決不可能である。問題はマルクスによって正しく提起され，したがって答えられた。

それではマルクスはどのような問題の捉え方をしたのだろうか。その問いとは「労働力とは何か」というものである。エンゲルスは次のように述べている。

　商品として売買されるのは，労働ではなくて労働力である。労働力が商品となるやいなや，労働力の価値は，一つの社会的生産物としての労働力に体現されている労働に応じて測定されるのであって，それは，労働力の生産および再生産のために社会的に必要な労働に等しい。したがって，労働力のこの価値にもとづく労働力の売買は，経済学的価値法則と決して矛盾しない。

リカードウが執着していた古い問いは「労働の価値または価格」とは何か，というものであった。つまり「労働の価値または価格」という誤った用語を含んだ問いであった。これに対してマルクスは「労働力の価値また

第 1 章　剰余価値の「原因」への問い

は価格とは何か」と新しく問うた。この問いのなかには,「労働力の価値または価格」という科学的に正しい用語が含まれている。このばあい，リカードウとマルクスを隔てる差異は，古い用語にもとづいた古い問いにしがみついていたものと，それに換えて新しい用語にもとづいて新しい問いを提起したものという区別である。

　古典派経済学とマルクスとを区別する，上記に見られるようなやり方は，この論文の序言において詳説しておいた。だが，我々がここで論ずることになる『資本論』第 1 巻第14章においては，このことは，いくら力説しても力説しすぎることはない。というのは，この部分の内容理解の鍵は，まさにその方法を用いることにあるのだから。

　以上のことを念頭において，我々は，『資本論』第 1 巻第14章「絶対的剰余価値と相対的剰余価値」の内容を検討してみよう。

　ところで『資本論』第 1 巻第 5 篇とは，いかなる経緯をもって執筆されたものであろうか。これが問題である。ここで我々が扱うテキストは，現行版（第 4 版）ではなくフランス語版である。フランス語版を用いる理由は，それが生前のマルクスによって最後に校閲されたものだからである。また，現行版を用いない理由はつぎのようなものである。マルクスはフランス語版校閲のさい，きわめて多くの部分を改訂した。そして後の版の編集にあたっては，フランス語版で改訂された部分の多くを採り入れるつもりであった。しかしその編集はマルクスの死によって果たされず，エンゲルスの手にゆだねられることになった。エンゲルスはマルクスの指示にしたがってドイツ語第 3 版を編集したが，しかしその編集は第 5 篇に限っていうならば，かならずしもマルクスの遺志に沿ったものではなかった[6]。この研究では第 5 篇の意義を考察するが，この部分にかぎっていうならば，現行版を用いるのは適切ではない。

　それではフランス語版『資本論』の第 5 篇「剰余価値の生産に関するさらに進んだ研究[7]」はいかなる意義をもっているのか。第 3 篇「絶対的剰余

価値の生産」と第4篇「相対的剰余価値の生産」と第5篇とをひっくるめて「剰余価値論」と総称するのに異論はないであろう。それでは第5篇はその剰余価値論全体のなかでいかなる役割を果たしているのだろうか。さらに立ち入って第5篇の内容を検討すれば，さまざまな疑問が生じてくる。第5篇は，第16章「絶対的剰余価値と相対的剰余価値」，第17章「剰余価値と労働力とのあいだの量的比率における変動」および第18章「剰余価値率の種々の定式」によって成り立っている。ここで問題として浮かび上がってくるのは，この三つの章が内容的にいかなる順序と関連をもって配列されているのか，ということであろう。この配列の不可解さは，たとえば第6篇「労賃」のそれと比較すれば，ますますきわだってくるものである。「労賃」篇については幾多の議論があるものの，その内部に配列された章の構成および順序に関しては，違和感を感じさせるものはない。現行版を例に取るならば，第17章「労働力の価値または価格の労賃への転化」では，標題どおり労働力の価値または価格が「労働の価格」という現象形態をとることの事情ならびに根拠が示され，続く第18章「時間賃金」では「労働の価格」の直接的転化形態である時間賃金が論ぜられ，さらに第19章「出来高賃金」では，それが時間賃金のさらなる転化形態であることが示される。そして第20章「労賃の国民的相違」では，まずもって出来高賃金を使った諸国民の相対的労賃の計算方法が示される。「労賃」篇に関していえば，その諸章の配列の根拠は明白である。しかるに第5篇はどうか。フランス語版であれ現行版であれ，一見すると各章の位置と順序を決定づける文言はなにもないのである。あたかもマルクスが，先行する剰余価値論（第3篇と第4篇）において論じ切れなかった問題を雑多に詰め込んだという印象さえ受けるのである。さらに立ち入ってフランス語版第16章の内容を一瞥してみれば，そこには内容的な一貫性を欠いたごとき多様な論点が散在している。たとえば第16章「絶対的剰余価値と相対的剰余価値」には，冒頭にまず生産的労働者の補足的規定が存在する。次に絶対的剰余価値と相対的剰余価値との運動の区別が論じられる。引き続いて剰余価値の自然

第 1 章　剰余価値の「原因」への問い

的基礎についての論述があり，最後にリカードウならびにリカードウ学派への批判が展開される。そこには内容的な統一というものが一切欠けているように見受けられる。したがって，第5篇の意義を解明しようとするならば，まず首章であるこの第16章を吟味することが必要であろう。

　ところで，この第16章の全体的相貌を明らかにしようという試みがこれまでまったくなかったというわけではない。ここではそうした試みのうち，代表的にしてかつ互いに対照的な二つの読み方を紹介することにしよう。第一に，旧ソビエト連邦の経済学者であるデ・イ・ローゼンベルグの見解があげられる。ローゼンベルグの『資本論注解』は，その対象をフランス語版ではなく現行版に向けているということから，いくつかの点で不都合が生じるのであるが，今もって無視することのできない重要な内容を含んでいる。彼によれば第14章（フランス語版の第16章）の意義はつぎのようなものである。

　　この章は，《中略》前二編の総合的・要約的研究である。このことを念頭におくなら，この章を読むとき普通おこる色々な疑惑が容易に一掃される。例えば，この章には，なるほど労働生産性とか，剰余価値に関する自然的諸要因の意義とか，リカアド派に関する指摘とか，等々に関する個々の深刻な思想があるとはいえ，これらすべての思想を統一的な全体に結合する枢軸（形式主義者の言葉を用いると）ともいうべきものが見当たらないように見える。だが，実際には，統一および形式主義者の珍重物たる枢軸は，全編ならびに本章の一般的性質，しかり，かれらのいわゆる目標のうちに与えられているのである。

　ローゼンベルグは，この章が剰余価値論の「総合的・要約的研究」であると述べ，たとえば，二種類の剰余価値生産方法に相似と区別があるというくだりをあげて，それが剰余価値論の「統一」を表わしているのだと述べる。だが，第16章（現行版の第14章）で触れられている論点は，それだ

33

けではない。生産的労働者に関する補足的規定やリカードウ学派への批判が述べられている部分もあるのである。ローゼンベルグもそのことは意識しているのだが,「統一」的に注解されているとは言い難いのである。

　これに対し，フランス語版の叙述を対象に据えつつ第5篇の特徴を解明しようとした論者として大村泉をあげなくてはならない。大村はまず，第2版からフランス語版にかけて第5篇の標題が変更されたことに注目する。第2版では「絶対的および相対的剰余価値の生産」となっていたものが，フランス語版では「剰余価値の生産に関するさらに進んだ研究」に変更されたのである。「さらに進んだ研究」という一句が追加された理由は何かと大村は問い，その理由を第16章末尾にリカードウならびにその学派への批判が追加されたことに求めるのである。そして，そのリカードウ学派批判を第16章の中心部分と定め，続く第17章や第18章においてもリカードウ学派への批判が眼目の一つであることを指摘する。

　大村のこの結論は，第16章の趣旨を解明しようとする我々の目的に照らして有益な示唆を含んでいると思われる。しかし大村論文の場合，リカードウ学派への批判の部分ばかりが強調されている。第16章には多様な論点が存在するのだから，リカードウ学派批判ばかりを重視するというのは，この章の全体的相貌を明らかにしようとする我々にとっては不十分であるといわざるを得ない。大切なのは，リカードウ学派批判を手がかりにして，第16章全体を読み解くことである。

　我々はこれから，上述のローゼンベルグと大村泉の指摘を手がかりにしつつ，第16章を読み，この章にまつわる問題を解明してゆこうと思う。

II　フランス語版『資本論』第16章「絶対的剰余価値と相対的剰余価値」の検討

　我々はこれから，フランス語版第16章の一見錯綜した諸規定を順次検討しておこうと思う。しかし，この部分に関する研究は少なく，それゆえ内

第1章　剰余価値の「原因」への問い

容を簡単に説明しておくことが必要だと思われる。ここでは，この第16章をさしあたり教科書風に四つの部分に分けて説明してみよう。

1　生産的労働の補足的規定

労働過程の全体を生産物の観点から考察すれば，労働そのものは生産的労働として現われる。しかし生産物が集団的労働者の手によって生産される場合には，生産的労働の範囲は広がり，集団労働者の一器官であるというだけで生産的労働者であるとみなされる。しかし，資本主義的生産様式のもとでは，この規定だけでは不十分である。資本主義的生産様式において生産的労働者たるためには剰余価値を生産しなくてはならない。それゆえ古典派経済学もまた，剰余価値を生むことが生産的労働者たることの必須要件であることを，時には本能的に，時には意識的に主張してきたのである。

2　絶対的剰余価値と相対的剰余価値との関連と区別[14]

必要労働時間を超えて労働日を延長し剰余価値を取得することが絶対的剰余価値の生産であり，これは歴史的にも相対的剰余価値の出発点となる。相対的剰余価値の生産は，必要労働時間の相対的短縮によって実現するものであるが，そのために労働の技術的工程と社会的結合とを完全に変わる。絶対的剰余価値と相対的剰余価値との差異は，この生産様式の発展につれて明らかとなってくる。相対的剰余価値は，労働日の限界を所与とすれば労働の強度あるいは生産性を高めることによって生産され，絶対的剰余価値は，労働の強度と生産性を所与とした場合，労働日を延長することによって生産されるのである。

3　剰余価値の自然的基礎

必要労働時間が労働時間のすべてを占めている状態では，剰余価値は生まれない。だから，必要労働時間をある程度短縮できるほどの豊饒さを，

自然が人間に与えているのかどうかが問題となる。自然はまさしくその豊饒さを与えている。しかし，ある者の剰余労働が他人の生活源泉になりうるには，支配・従属関係が両者の間に成立していなくてはならない。資本主義社会が利用している労働の自然的生産力は，幾千もの年月にわたる人間の歴史的発展の結果によって出来上がったものである。自然の恵みが大きく，かつまた人間の生理的必要の量が少なければ少ないほど必要労働時間は短くなる。資本主義的生産が確立されると，労働日を所与とすれば剰余労働の大きさは労働の自然的生産力の高さに応じて決定されるであろう。したがって，自然力を社会的に管理し，利用し，節約する必要が生じてくる。しかし恵まれた自然の豊饒さに支えられた労働の生産力は，剰余労働の可能性を提供するだけであって，その現実的な原因になりうるものではない。単に労働の生産力が上昇しただけでは，閑暇が増えこそすれ，現実の剰余労働の増加には結びつかない。この閑暇が剰余労働時間に転化するためには，彼は支配されなくてはならない。剰余価値の起源は，労働の生産力ではなく剰余労働の強制なのである。

4　リカードウおよびリカードウ学派への批判

　リカードウは剰余価値の原因には無関心である。彼は資本主義的生産を社会的生産の自然な形態であるかのように取り扱っている。そして，そのような社会的生産の産物として「利潤」（剰余価値）[15]を把握している。したがって，彼が「利潤」（剰余価値）に投げかける問いは，何故それが生じたか，ということではなく，何故その大きさになるのか，という量的な次元のものでしかない。これにたいして後のリカードウ学派は剰余価値の原因は労働の生産力であると述べた。ジョン・スチュアート・ミルもまた剰余価値の原因は労働の生産力より生ずると述べた。ミルは利潤率の計算の仕方も知らず，また資本主義的生産様式が地球上のすべての地域で行われているとの錯覚をきたし，また労働者もある意味では資本家とみなされうるという錯誤を平然と言ってのける。ブルジョア思想家と呼ばれる人

第1章　剰余価値の「原因」への問い

物の知性がこの程度のものなのだから，ブルジョアジー自身の知性も推して知らるべしというものである。

III　フランス語版『資本論』第16章「絶対的剰余価値と相対的剰余価値」の読解

1　リカードウならびにリカードウ学派への批判

リカードウならびにリカードウ学派への批判　　我々はこの章の内容を，文字通り始めから読んでゆくことはしない。この一見錯綜した第16章の内容を統一的に把握するためには，まずマルクスの主張のもっとも鮮明な部分から検討してゆくことが望ましいと思われる。それは上記にあげた第四の部分，すなわちリカードウならびにリカードウ学派への批判の部分である。ここではリカードウとその学派（ミルも含む）による剰余労働概念の把握にかんする鋭い批判が述べられているのだが，その批判の仕方にまず注目しなければならない。

　　労働は，それが生産者の生計費を入手するために必要な時間を延長できる以前に，ある程度の生産性をもっていなくてはならない。しかしその程度がどのくらいであろうと，剰余価値の原因 la cause de la plus-value となるものは，けっしてこの生産性ではない。この原因は，剰余労働をもぎとる arracher 様式がどのようなものであろうと，必ず剰余労働である。
　　リカードウは，剰余価値の存在理由には少しも意を用いていない。彼は剰余価値を，彼にとっては社会的生産の自然的形態である資本主義的生産に固有なものとして取り扱っている。(16)

ここでさしあたり読み取れることは，マルクスは「剰余価値の原因は剰余労働である」という命題を明確に打ち出しているということである。より厳密に言えば，マルクスは「剰余価値の原因とは」何かと問い，それは

「剰余労働である」と明快に答えている。これにたいしてリカードウは剰余価値の「存在理由 la raison d'etre」には無関心だということである。このリカードウの態度がなにを意味しているかが，さしあたりの問題となる。リカードウは「利潤」（剰余価値）の存在理由とは何かという問いを立てて，けっきょく解決せずじまいだったということを意味するのだろうか。否である。リカードウは「利潤」（剰余価値）の存在理由とは何かという問いさえも立てなかったと解釈するのが妥当であろう。つまりリカードウは，我々が先に見たように「労働力の価値または価格とは何か」と問い得なかったのと同様に，「利潤」（剰余価値）の存在理由とは何か，と問うことができなかったのである。

なぜリカードウは，「利潤」（剰余価値）の原因は何かと問うことができなかったのであろうか。「利潤」（剰余価値）の原因を直接的に問うことはできなくても，別の形でそれを問うことはできたはずである。たとえば労働時間が10時間であると仮定し，そのうちの5時間をもって労働者は賃金の等価を生産するために働く。残りの5時間は資本家のために働く。リカードウは古典派労働価値説を精緻に体系化した者として，一日の労働がつくりだす価値のほうが賃金の等価よりも大きいということは承知していた。すなわち10時間の労働日のほうが5時間の必要労働時間よりも大きいということは理解していた。だから「『利潤』（剰余価値）の原因は何か」と問うことはできなくても，「なぜ労働日は5時間ではなく10時間なのか」と問うこともできたはずなのである。しかし，そうはならなかった。なぜリカードウは，「利潤」（剰余価値）の原因に接近しうるこの問いを怠ったのだろうか。それを追究してみたい。

　　リカードウにおける問いの不在の原因　　ここで我々はフランス語版『資本論』をいったん離れて，「1861－63年草稿」における「剰余価値におけるリカードウの理論」を参照してみることにしよう。そこでのマルクスの分析は次のようなものである。

第 1 章　剰余価値の「原因」への問い

　彼（リカードウのこと――筆者）にとっては，生産物の価値が賃金の等価よりも大きいということは事実なのである。この事実がどのようにして成立するかははっきりしないままである。総労働日は，労働日のうちで賃金の生産に必要な部分よりも大きいのである。なぜか？　という問題は出て来ない[17]。

以上がマルクスによるリカードウへの問題提起である。リカードウが「総労働日」は「賃金の生産に必要な部分よりも大きい」のはなぜか，と問うたとすれば，それは，実質的には「利潤」（剰余価値）の原因とは何か，と問うたのと同じことになる。そしてそれは，剰余労働といった強制をともなった労働の概念に行きつくであろう。しかしそうはならなかったのである。それはなぜか。マルクスは次のように述べる。

　リカードウは，日々の必需品に含まれている労働時間は，この必需品の価値を再生産するために労働者が労働しなければならない日々の労働時間に等しい，ということを当然前提している。しかし，彼はこれによって一つの困難を持ち込み，この関係の明確な理解を消し去っている。というのは，彼は，労働者の労働日の一部分を直接に労働者自身の労働能力の価値の再生産にあてられるものとして説かないからである。ここから二重の混乱が生ずる。剰余価値の源泉は明らかでなくなり，したがってリカードウは彼の後継者たちから彼が剰余価値の性質を理解せず説明しなかったという非難を受ける[18]。

見られるように，リカードウの誤りの根源は次の点にある。「日々の必需品に含まれている労働時間は，この必需品の価値を再生産するために労働者が労働しなければならない日々の労働時間に等しい，ということを当然前提している」。つまりリカードウにとっては（マルクスのいう）必要労働時間は「必需品の価値を再生産するため」の時間であり，労働力（労働

者）再生産の時間としては，直接に捉えられていなかったのである。だが，剰余価値を生産するのは労働者であって必需品ではない。リカードウは労働力という概念をもってはいなかったけれども，価値を生産するのは労働者であるという認識は有していた。しかし，賃金が直接に労働者の再生産のための価値ではなく必需品の価値であるといったん認識されてしまえば，次のような事態が引き起こされる。すなわち，「利潤」（剰余価値）とは，賃金（可変資本）から引き出された価値ではなく，総労働日から必需品の価値を引いた結果としての数値である，と。言いかえれば，「利潤」（剰余価値）とは，可変資本に対して，資本家が価値増殖の目的をもって剰余価値率を乗じた結果生まれたものではなく，労働者が生産した価値から必需品の価値を引いた残余にすぎない，ということになるのである。つまり「利潤」（剰余価値）の生産に関して資本家の意図が介在する余地がなくなってしまうのである。したがって，「利潤」（剰余価値）の原因はとうぜん明らかでなくなる。というのは，それは資本家によって積極的に引っ張り出された価値ではなく，事業活動の結果として，自然に残った価値であるという意味しか持ち得ないからである。

　したがって次のような事態が惹起されるのは当然であろう。

　リカードウによる問いの不在の結果引き起こされた事態　このように剰余価値の源泉と性質とが明確につかまれていないために，剰余価値・プラス・必要労働，要するに総労働日は，固定的な大きさとみなされ，剰余価値の大きさの違いは見逃され，また資本の生産性，剰余労働の強制，つまり一方では絶対的剰余労働の強制，次には必要労働時間を短縮しようとする資本の内的衝動，これらのことが見誤られ，こうして資本の歴史的な存在理由は説明されないことになる。[19]

　剰余価値が資本の，あるいは資本家の当初の目的であるという認識は，げんざい一般的なものである。しかしリカードウの場合には，事業活動の結果としての単なる「残余」でしかないのである。そうなれば，なぜ資本

第 1 章　剰余価値の「原因」への問い

家が労働日を延長するのか，という問題は閑却され，とくに絶対的剰余価値の生産つまり労働日の延長という資本家の動機が見失われるであろう。すなわち「資本の歴史的な存在理由」，つまり剰余価値のあくなき追求という本質もまた視界の内側に入ってこないということになる。その結果，労働日はリカードウにあっては固定的であってもかまわないものとみなされる。したがって，リカードウにあっては，絶対的剰余価値はあくまで視野の外に斥けられ，相対的剰余価値のみが把握されることになる。「総労働日の大きさがまちがって固定的なものとして前提され，このことから直接にまちがった結論が出てくるのである。したがって，剰余価値の増減は，必需品を生産する社会的労働の生産性の増減からのみ説明することができるにすぎない。すなわち，ただ相対的剰余価値だけが理解されているのである」[20]。

　以上に述べたごとく，リカードウが「利潤」（剰余価値）の存在理由について問いを発しなかったということで，後のリカードウ学派に対して混乱を持ち来されたことは確認した。リカードウの問いの不在の原因が，賃金を直接に必需品の価値に還元してしまい，その結果「利潤」（剰余価値）の存在理由への問いを，それの量的問題，しかも相対的剰余価値のみに限定した量的問題に歪曲してしまったことにあったことも我々は確認した[21]。

　リカードウが剰余価値の原因への問いを怠ったということによって，さらになにが引き起こされたかということについては，後に詳述しよう。リカードウは剰余価値の原因とは何か，と問うかわりに，「利潤」（剰余価値）の大きさはどのように決定されるか，という量的な次元へと問題を逸らしてしまった。「労働の生産性について語る場合，彼は，そこに剰余価値の定在の原因を求めるのではなく，ただ，剰余価値の大きさの原因を求めているにすぎない」[22]。のちのリカードウ学派もまた「労働の生産力を利潤《中略》の発生原因として」[23]宣言したが，実際には「利潤」（剰余価値）の量的問題を扱っただけであった。ジョン・スチュアート・ミルもまた同じ誤りを繰り返している。「利潤の原因は，労働が，労働の維持に必要で

41

あるよりも多くを生産することである」と。これはマルクスの述べるごとく「陳腐な説」にすぎない。「生産すること」ではなく「生産させられること」と述べたのであれば、それはリカードウを乗り越える進歩であっただろう。

2 剰余価値の原因は生産力ではない

リカードウ学派やミルが「利潤」（剰余価値）の原因とは何かという問いを発することができず、それゆえに利潤の大きさを規定する原因にのみかかずらい、利潤の大きさは「労働の生産力」によって規定されるという誤った解答を出していたことを我々は見た。あるいはまた、「利潤」（剰余価値）の原因はなにかと形式的には問いながらも、実質的には「利潤」（剰余価値）の大きさの研究にのみ汲々としていたことを我々は見た。本章の冒頭で紹介した第三の部分「剰余価値の自然的基礎」に該当する叙述は、まさしく剰余価値の原因は労働の生産力であるという主張に反論するために書かれているのである。マルクスは次のように書いている。

　恵まれた自然条件は、剰余労働の可能性、したがって純生産物または剰余価値の可能性を提供する、と言っても良いが、決してその現実性を提供するものではない。気候がより順調であるかないか、土地の肥沃がより自然発生的であるかないかなどに応じて、必需品の数と必需品の充足のために必要となる努力とが、より大きくなったり小さくなったりするであろうから、ほかの点で事情が似ている場合、必要労働時間は、国が違えば違うであろう。ところが剰余労働は、必要労働が終わる点でしか始まることができない。だから、後者（必要労働）の相対的な大きさを規定する自然的作用が、前者（剰余労働）に対する自然的限界の線を引く。（マル括弧は齊藤による）

恵まれた自然条件、あるいはそれにもとづいた労働の自然的生産力は、

第1章　剰余価値の「原因」への問い

剰余価値の可能性を生み出すだけで，剰余価値の現実的な原因とはなりえないのである。単に恵まれた自然条件が存在するだけならば，必要労働時間は小さくなり，残りの時間は「多くの暇な時間 c'est beaucoup de loisir」(27)になるにすぎないであろう。必要労働時間が週に12時間あれば足りると見なされるアジアの多島海の住民を例にとってみよう。「資本主義的生産が彼の島に持ち込まれれば，この正直な島民は，自分の一週間の労働からただ一労働日の生産物を自分のものにする許可を得るために，おそらく週に6日労働しなくてはならないであろう。なぜ彼が今では週に6日労働するか，すなわち，なぜ彼が5日の剰余労働を提供するかは，自然の恩恵からは決して説明されないであろう。自然の恩恵は単に，なぜ彼の必要労働時間が週1日に短縮できるかを説明するだけであろう」(28)。自然の豊饒さあるいはそれにもとづいた労働の生産力は，それだけでは剰余労働の現実的な原因とはなりえないのである。

　以上から分かるとおり，この剰余価値の自然的基礎を述べた部分は，「利潤（剰余価値）の原因は生産力である」とするリカードウ学派ならびにミルの学説を批判するという趣旨を持っているといえるだろう。

Ⅳ　古典派による剰余価値の原因への問い

　リカードウは剰余価値の原因を問わなかった。それではリカードウ以外の古典派経済学者たちは，剰余価値の原因への問いを，いかなる形で立てていたのか。

　我々がここで問題にするのは，本章の冒頭で紹介した第一の部分「生産的労働の補足的規定」である。まず，なぜここで生産的労働の補足的規定が行われているのかという疑問が生ずる。まず生産的労働の規定は，フランス語版第7章第1節「使用価値の生産」において行われた。「この運動全体をその成果である生産物の観点から考察すれば，労働手段と労働対象はともに生産手段として現れ，労働そのものは生産的労働として現れる」(29)。

すなわち生産的労働とは，生産物を作る労働である。この定義がフランス語版第16章では補足されることになる。「生産的であるためには，もはや自分自身が仕事にとりかかる必要はない。集団労働者の一器官であるだけで，すなわち，それのなんらかの一機能を果たすだけで十分である」[30]。だが，資本主義的制度のもとでは，次の補足規定のほうが重要である。「資本家のために剰余価値を生むか，あるいは労働によって資本を増殖させる労働者だけが生産的であるとみなされる」[31]と。文脈から考えれば，「剰余価値を生む」労働者だけが生産的であるという，この補足規定こそが中核をなすものであろう。しかしなぜここで生産的労働者の補足的定義が行われなければならなかったのだろうか。

　ここで留意すべき点は，生産的労働者という言葉は，マルクス独自のものではなく，それ以前の古典派経済学者たちによって論ぜられてきたものだということである。たとえばアダム・スミスは生産的労働者を次のように定義づけている。

　　労働には，それが加えられる対象の価値を増加させる部類のものと，このような結果を全然生まない別の部類のものとがある。前者は，価値を生産するのであるから，これを生産的労働と呼び，後者はこれを不生産的と呼んでさしつかえない。こういうわけで，製造工の労働は，一般に，自分が加工する材料の価値に自分自身の生活維持費の価値と，自分の親方の利潤の価値とを付加するadds。これに反して，召し使いの労働はどのような価値も付加しない。なるほど製造工は，自分の賃金を自分の親方から前貸ししてもらってはいるけれども，こういう賃金の価値は，一般に，自分が労働を加えた対象の増大した価値のうちに利潤をともなって回収されるのであるから，実は主人にはなんの費用もかからない[32]。

　このアダム・スミスによる定義をマルクスは意識して，次のように論評している。

第 1 章　剰余価値の「原因」への問い

　生産的労働のこうした理解は，剰余価値の原因したがって資本の本質に関するＡ・スミスの理解から当然に出てくる(33)。

それでは「剰余価値の原因」に関するスミスの理解とはどのようなものだったのだろうか。マルクスの論評によれば次のとおりである。

　彼は（スミスのこと――筆者），資本家が，商品に付け加えられた労働の一部分に対して支払わなかったこと，したがって彼の利潤が商品の販売のさいに生ずるのだということから，資本家の利潤そのものを導き出しているのである。彼はのちにもっと文字通りに，利潤を，労働から，すなわち労働者が賃金を弁済するための，すなわち賃金を等価物によって補填するための，労働量を超えて行う労働から導き出している。このようにして彼は剰余価値の真の原因を認識していたのである(34)。

つまり，スミスは生産的労働者の定義を行うにあたって，剰余価値の原因にたいする己の正しい理解を下地にしてきたのである。言い換えれば，スミスは「生産的労働者とは何か」と問うことによって，剰余価値の原因に対する洞察を含んだ解答を作り出していたのである。なるほどスミスや重農学派は「剰余価値の原因とは何か」と直接には問わなかった(35)。しかしその代わりに「生産的労働者とは何か」と問うことによって，剰余価値の原因に対する洞察を含んだ解答を生産してきたのである。

　それゆえ，古典派経済学は，生産的労働を特徴づけるものはある剰余価値を生むことだと，時には本能的に時には意識的に絶えず主張してきた(36)。

上記の文章の意味は，スミスや重農学派が生産的労働者への問いを発するたびに，それは剰余労働を行うものであると解答してきたことを意味し

ているのである。以上の考察によって，この生産的労働者の補足的規定の意義は，剰余価値の原因に対する古典派の問いの学説史的回顧であったことが明らかになったと思われる。

V 「労働の資本への包摂」論が削除された理由

　以上の考察から，第16章（現行版第14章）の意義は，古典派経済学なかんずくリカードウへの批判であったことが確認された。ところで，フランス語版においては，初版・第2版に存在していた，労働の資本への形態的・実質的包摂論が削除されている。これは，フランス語版に移行したさいの，リカードウ批判とならぶ大きな変化のひとつである。なぜこのような改変がなされたのか，そのことを考察してみよう。

　まず労働の資本への形態的・実質的包摂の理論とは次のようなものである。

　　あらゆる商品生産の一般的諸条件を前提とすれば，絶対的剰余価値の生産とは，単純に，労働者自身の生活に必要な労働時間という限度を越えて労働日を延長することであり，資本が剰余価値を奪取することである。この過程は，資本の関与なしに歴史的に伝承されている経営様式の基礎上で，生じうるし，また生じている。このばあい，ある形式上の変態が生ずるにすぎない。すなわち，資本主義的搾取様式が奴隷制度等々のような以前の搾取様式と区別されるのは，剰余価値が後者では直接的な強制によって強奪されるのに，前者では労働力の「自発的な」販売によって媒介される，という事情にもとづくにすぎない。したがって，絶対的剰余価値の生産は，資本のもとへの労働の形態的従属 formelle Subsumtion der Arbeit unter das Kapital のみを前提としている。

　　相対的剰余価値の生産は，絶対的剰余価値の生産を，したがって，後者に対応するところの，資本主義的生産の一般的形態をも，前提してい

第1章　剰余価値の「原因」への問い

る。前者の目的は，労働日の限度にかかわりなく，必要労働時間を短縮することによって剰余価値をふやすことである。この目的は，労働の生産力の発展によって達成される。とはいえ，このことは，労働過程そのものの変革を前提としている。労働過程を延長するだけではもはや不十分であって，労働過程が新たに形成されなければならない。したがって，相対的剰余価値の生産は，ある独自な資本主義的生産様式を前提にしているのであって，この生産様式は，この様式の諸方法，諸手段，諸条件そのものとともに，最初は，資本のもとへの形態的従属を基礎として，自然発生的に発生して育成されるわけである。この形態的従属に代わって，資本のもとへの労働の実質的従属 reele Sumsumtion der Arbeit unter das Kapital が現れてくる。[37]

　上記の文言に見られるように，絶対的剰余価値の生産だけが行われる場合，資本のもとへの労働の形態的従属が表われるのである。その場合，労働が行われる契機は，労働力の「自発的な」販売ということだけである。労働力の販売以降の労働過程そのものが，彼に対して労働を強制するという事態は生じない。しかしながら，相対的剰余価値が生産される段階になるとどのような事態が生じるであろうか。この場合には労働過程そのものが変革されるのであるから，労働過程そのものが労働者に労働を強制するということになる。「この様式の諸方法，諸手段，諸条件」が彼をして強制的に剰余価値の生産へと駆り立てるのである。
　ところがフランス語版では，以上の言説は消失してしまう。これはなぜだろうか。それは，同じく第16章（現行版第14章）の次の語句に示されている。

　　労働は，それが生産者の生計費を入手するために必要な時間を越えて延長できる以前に，ある程度の生産性をもっていなくてはならない。しかし，その程度がどのくらいであろうと，剰余価値の原因となるものは，

47

けっしてこの生産性ではない。この原因は，剰余労働をもぎとる様式がどのようなものであろうと，必ず剰余労働である。(38)

　上記引用文は，フランス語版に至ってはじめて追加された部分であるが，「剰余労働をもぎとる様式」よりも，剰余価値の原因の考察に重点がおかれている。つまり，「剰余労働をもぎとる様式」，すなわち資本への労働の形態的・実質的従属よりも剰余価値を搾取すること自体が重要であるというのである。マルクスがフランス語版校閲の段階でこのように考え直したことで，資本への労働の従属の理論は姿を消したのである。(39)
　では，なぜマルクスが「剰余労働をもぎとる様式」よりも，剰余労働の搾取そのものを重視したのだろうか。それは上記文言の直後にリカードウ批判が展開されているところから分かるとおり，古典派経済学なかんずくリカードウが，剰余価値の原因つまり剰余労働への意識的な洞察を欠き，「利潤」（剰余価値）の大きさに関する研究に汲々とした結果，リカードウの弟子たちが「利潤」の「原因」を労働の生産力に求めることになったことと無関係ではない。マルクスは，「剰余労働をもぎとる様式」よりも，古典派が剰余価値の「原因」そのものをないがしろにして後継者たちに悪影響を与えていることのほうが重要であると認識していた。したがって，資本のもとへの労働の従属の諸様式を論ずるよりも，剰余労働の搾取そのものを力説する方向へと叙述を改変させていったのである。

小　　括

　フランス語版第16章を手がかりに考察してみれば，この章全体の意義および主軸は，古典派経済学なかんずくリカードウ批判であるということが分かる。リカードウは「利潤」（剰余価値）の原因は何かと問わなかった。そのために後継者たちに混乱をもちこんだ。J. S. ミルなどは「労働の生産力」こそが「利潤」（剰余価値）の原因であると述べた。マルクスは，ま

第 1 章　剰余価値の「原因」への問い

ず労働の生産力や自然の豊饒さは，それ自体としては剰余価値の原因にはなりえないと述べた。そして，リカードウ以前，すでにスミスや重農学派は，剰余労働への洞察を含んだ問いを作り上げていたことを証明した。したがって，この章の意義は，剰余労働への洞察をめぐる古典派経済学への評価ならびに批判である。

（1） *The Works and Correspondence of David Ricardo, edited by* Piero Sraffa with the collaboration of M.H.Dobb, Cambridege University Press, 1951-55. VolumeⅠ, *On the Principles of Political Economy and Taxation*, 1951.『リカードウ全集』第 1 巻（堀経夫訳，雄松堂出版）。
（2） Karl Marx., *Das Kapital* Bd.Ⅱ., Marx-Engels Werke, Bd.24, S.25. 以下，MEW, Bd.24, S.25と記す。なお訳文は『資本論』（社会科学研究所監修・資本論翻訳委員会訳，新日本出版社）を用いた。
（3） Karl Marx/Friedrich Engels: Gesamtausgabe（MEGA）, Hrsg.vom der Institute fuer Marzismus-Leninismus beim ZK der SED, Abt2. Band10, Dietz Verlag, Berlin, 1991, S.482, 以下，MEGAⅡ/10, S.482 と略記する。なお訳文は，上記と同じく『資本論』（新日本出版社）を用いた。
（4） MEW, Bd.24, S.25.
（5） Ebenda., S.25.
（6） 1877年にアメリカ版『資本論』刊行の話が持ち上がったとき，マルクスは「『資本論』第 1 巻のための変更一覧表」を作成した。それは，第 2 版とフランス語版のそれぞれから叙述を抜き出して新しい版を作ろうとする構想であった。しかしこの「変更一覧表」を作成するためにはいくつかの準備作業を経る必要があった。その準備作業としてマルクスが行ったのは，愛娘イエンニー・ロンゲ宛フランス語版献呈本および第 2 版自用本にたいする書き込みであった。その書き込みを利用してマルクスは「『資本論』第 1 巻のための変更一覧表」を1877年に作成し，フリードリヒ・アードルフ・ゾルゲに送った。だから，我々が第 5 篇に対してマルクスが込めた真意を正確に理解しようとするならば，その「変更一覧表」の指示に忠実に従った版本をもとにして行うべきである。それは第 3 版であろうか。実はそうではないのである。第 3 版は，我々が研究対象とする第 5 篇に限って言うならば，「変更一覧表」に忠実に従って編集されたものとは言い難い。たとえば第 3 版の第14章「絶対的剰余価値と相対的剰余価値」では形式的および実質的包摂論が論じられている。しかしこの包摂論は第 2 版には存在するが，フランス語版では削除され，そして「変更一覧表」ではフランス語版に従うこととされているからである。第 3 版の実際の編集作業

は，マルクスの死によってエンゲルスに委ねられることになった。では，それではエンゲルスは「変更一覧表」に忠実に従って第3版編集を行ったのだろうか。実は，エンゲルスが第3版編集にあたって参照したのは「変更一覧表」ではなく，その準備段階として書かれたフランス語版ならびに第2版自用本への書き込みだけであった，というのが大村泉の推定である。「エンゲルスは第3版を編集するさい，二つの『書き込み』に従って編集を行い『一覧表』基底稿は参照しなかったのではあるまいか」（大村泉『新MEGAと《資本論》の成立』八朔社，1998年，227ページ）。第3版が，このようにマルクスの遺志に従って編集されたものでないとすれば，「最終決定版」はこの世には存在しないということになる。しかし我々は，第5篇に限っていえば，「最終決定版」ではないにせよ，それに限りなく近い版をもっている。それはフランス語版である。その理由は，ともかくそれがマルクス自身の手によって編集された最後の版だというだけではない。少なくとも「変更一覧表」に従って第5篇を編集してみれば，第14章（フランス語版では第16章）ではとくに，大部分はフランス語版によって置き換えられるべきことが指示されているのである。なお，「アメリカ版への編集指図書」については，MEGA II/8, S.25 を参照されたい。

(7) この標題は，初版『資本論』では「絶対的および相対的剰余価値の生産に関するさらに進んだ研究」であった。第2版では「絶対的および相対的剰余価値の生産」となっている。第3版や現行版では，第2版の標題が継承されている。第5篇の標題がこのように変化してきたことは，ひとつの問題であるが，本論文では取り扱わない。

(8) このことは本論文第7章にて詳述されるであろう。

(9) Д. И. Розенъерг《Комментарии ко первому, второму, и третьему томам "Капитала" К. Маркса》Москва, 1931г.（デ・イ・ローゼンベルグ『資本論注解』梅村二郎訳，開成社，1932年）。

(10) там же（『資本論注解』第2分冊，410ページ）．

(11) там же（『資本論注解』第2分冊，410ページ）．

(12) 大村泉「剰余価値＝剰余労働把握におけるマルクス経済学の独自性—『資本論』第1部第5篇の標題変更」（研究年報『経済学』Vol.55 No.4, 1994年）。

(13) 「フランス語版の『さらに進んだ研究』という標題の『復活』がこうした同版第16章の改訂に対応しているとすれば，この『さらに進んだ研究』ということでマルクスが念頭においていたのは，結局のところ《中略》剰余価値＝剰余労働に関するマルクス自身の独自性を，古典派経済学との対比のなかで，とりわけリカードゥ，およびリカードゥ学派の学説との対比のなかで明確にすることであった，といえるのではあるまいか。」大村，前掲，63ページ。

(14) 初版や第2版および第3版では，この部分に有名な「形式的・実質的従属論」が展開されているが，フランス語版では削除されている。そのためここで

第 1 章　剰余価値の「原因」への問い

は，さしあたり解説の対象から除外する。当該の叙述が削除された理由については後述する。
(15)　古典派経済学は，科学的には「剰余価値」と記すべきところを「利潤」と表現している。したがって，本論文では古典派経済学の用語で「利潤」と称されているものは「利潤」（剰余価値）と表記する。
(16)　MEGA II/7, S.446. 訳文は『フランス語版資本論』（江夏美千穂訳，法政大学出版局）に拠った。
(17)　MEGA II/3. 3, S.1029. 訳文は，『資本論草稿集⑥』（資本論草稿集翻訳委員会訳，大月書店）を用いた。
(18)　MRGA, II／3. 3, S.1029.「なにゆえに労働生産物は生産者自身の致富の源泉ではないか，何故に生産者自身はかれの維持に必要なものだけに制限されねばならないのか，――これらの問題にたいしては，リカアドは解答を与えていない。のみならず，問題そのものが提起されてもいない。」前掲，ローゼンベルグ『資本論注解』427ページ。
(19)　MEGA II/3. 3, S.1029.
(20)　MEGA II/3. 3, S.1030. したがって本章第 2 節で検討した「絶対的剰余価値と相対的剰余価値との関連と区別」の叙述部分は，リカードウが相対的剰余価値のみを取り扱ったという理由から学説史的意義をもつことになるのである。リカードウが総労働日一定という前提を持ち出したことについては，さらなる原因があるのだが，それについては本論文第 3 章を参照されたい。
(21)　このことは後のリカードウ学派にも影響をおよぼすことになる。フランス語版第16章（現行版第14章）でも触れられているが，本論文では第 3 章で詳述する。
(22)　MEGA II/7, S.446.
(23)　MEGA II/7, S.446.
(24)　MEGA II/7, S.446.
(25)　MEGA II/7, S.446.
(26)　MEGA II/7, S.445.
(27)　MEGA II/7, S.446.
(28)　MEGA II/7, S.446.
(29)　MEGA II/7, S.148.
(30)　MEGA II/7, S.440.
(31)　MEGA II/7, S.441.
(32)　*An inquiry into the nature and causes of the wealth by Adam Smith.* Edited, with an introduction, notes, marginal summary and an enlarged index by Cannan, M.A.,LL. D.,professor of political economy in the University of London, 6th edition, 2 vols., London, 1950. p.313. アダム・スミス『諸国民の富』（岩波書店，大内兵衛・松川七郎訳），522ページ。

(33) MEGA Ⅱ/3.2, S.440. 訳文は,『資本論草稿集⑥』(資本論草稿集翻訳委員会訳, 大月書店) を用いた。
(34) MEGA Ⅱ/3. 2, S.374. スミスが剰余価値の真の原因を洞察していたということの証左としてマルクスが暗黙に示しているのは, スミスの次の文言であろう。「それゆえ, こういう事態 (労働に資材が使用される場合) においては, 労働の生産物は必ずしもすべてが労働者のものとはならない。彼は, たいていの場合, 彼を雇用する資本の所有者とそれを分け合わなければならない。その場合, ある商品の獲得または生産に費やされる労働の量は, もはや, その商品が普通に購買し, 支配し, または交換によって獲得するべき労働の量を規定しうる唯一の事情ではない。賃金を前貸しし, その労働の原料を提供した資本の利潤のためにもまた, 当然ある追加量が与えられなければならないのは, 明白である。」(*An inquiry into the nature and causes of the wealth*, p.51.大内・松川訳, 国富論, 134ページ)。これについてマルクスは次のように論評している。「これはまったく正しい。資本主義的生産を前提すれば, 貨幣または商品で表される対象化された労働は, それ自身に含まれている労働量のほかに, つねに『資本の利潤のために』生きている労働の『ある追加量』をも買うのであるが, これは別の言葉で言えば, 対象化された労働が生きている労働の一部分を無償で取得する, すなわち支払うことなしに取得する, ということにほかならない」(MEGA Ⅱ/3. 2, S.374.)。
(35) 「まったく正当に, 彼ら (重農学派―筆者) は, 剰余価値を創造する労働, したがって, その生産物のうちにこの生産物の生産中に消費された諸価値の総額よりも高い価値が含まれるところの労働, だけが生産的であるという基本的命題を打ち立てた。」(MEGA/3. 2, S.341.)
(36) MEGA Ⅱ/7, S.441.
(37) MEGA Ⅱ/6, S.479-480. なお訳文は,『第2版資本論』(江夏美千穂訳, 幻燈社書店)。
(38) MEGA Ⅱ/7, S.446.
(39) フランス語版でリカードウおよびリカードウ学派への言及が追加されたことにともなって, 第2版から次の文言が姿を消している。「労働の, 歴史的に発達した社会的な生産諸力が, そうであるように, 労働の, 自然によって制約された生産諸力も, 労働が合体されている資本の生産諸力として現れている」(MEGA Ⅱ/6, S.484.)。この箇所が削除されたのは, 資本のもとへの労働の形式的・実質的従属が削除されたからであろう。マルクスは「1861-63年草稿」(ノートXXI) の時点から, 資本が労働を包摂することによって, 資本自体が生産的なものとして現れるということを問題視していた。この問題は本論文の範囲を越えているが, 社会的生産諸力の発展にともない, 科学や自然諸力も資本の生産諸力として現れるという点については, 特にMEGA Ⅱ/3. 6, S.412.を参照されたい。

第2章　リカードウ利潤論とマルクス剰余価値論

I　問題の所在

　マルクスは『資本論』第1巻フランス語版を校閲するにあたって，第5篇「剰余価値の生産に関するさらにすすんだ研究」を大幅に書き換えた。その書き換えは，特に第16章「絶対的剰余価値と相対的剰余価値」および第17章「剰余価値と労働力の価値との間の量的比率における変動」に集中している。

　そもそも，フランス語版『資本論』第1巻第5篇「剰余価値の生産に関するさらにすすんだ研究」が『資本論』第1巻全体において占める意義はなんだろうか？　第1巻の第3篇・第4篇および第5篇をまとめて「剰余価値論」と総称するのに異論はないであろう。それでは，第5篇はその剰余価値論全体のなかでいかなる意義を占めているのか？　ところで，この問いを我々は，本著「第1篇へのまえがき」，および第1章「剰余価値の『原因』への問い」で提起していた。そこでは，フランス語版『資本論』第5篇の第16章「絶対的剰余価値と相対的剰余価値」の内容を検討した。そこで得られた結論は，リカードウは「利潤」（剰余価値）の「原因」もしくは存在根拠とは何か，という問いを持たず，それゆえ絶対的剰余価値の把握に至らず，事実上，相対的剰余価値のみを発見するにとどまったという学説史的事実であった。このたび我々が行うのは，第16章に後続する第17章（現行版第15章）の内容的考察，およびその意義である。

　そこで問題となるのが，この第17章「剰余価値と労働力の価値との間の量的比率における変動」の内容および趣旨の不可解さである。言うまでもなく，第18章は労働の生産力，労働の強度，そして労働時間のうち，それ

それひとつづつを可変要因とし，また残りの諸条件を不変とした条件を与えた場合，剰余価値と労働力の価値との比率がいかに変動するかを研究したものである。しかしなぜ，ここでそれらの量的変動を考察する必要があるのだろうか。労働時間については，第3篇「絶対的剰余価値の生産」で考察され，労働強度および労働生産力の変動については第4篇「相対的剰余価値の生産」で考察されている。すでに考察されずみのことをなぜここで繰り返さなければならないのだろうか。

　ローゼンベルグはこの章に関して次のように述べている。「相互に前提しかつ排除しあうという，かかる相互関係を有する労働力の価値と剰余価値とは，——相関的である。両者は本章では，この断面において，すなわち両者の間に存在する関係の断面において，研究されている。ただしそれは量的方面から研究されていること，その一つの大きさが他の大きさといかなる関連を有するかが研究されていることを，附言しておかねばならぬ」。つまり，労働力の価値と剰余価値との量的な相関関係を考察するということが眼目だというのである。だが，ローゼンベルグは明言していないが，この説明は次のことと関連はないだろうか。すなわち，古典派経済学が，労働者の生産した価値が「利潤」（剰余価値）と賃金（労働力の価値）に「分解」されるとした学説史的事実と関連はないだろうか。関連というより酷似してはないだろうか。すなわち古典派経済学（特にリカードゥ）が，労働者の生産した価値をもって「利潤」という「収入」と，「労賃」という収入とに分解されるとした理論に似てはいないだろうか。

　むろん，労働者が生産した価値が諸収入に分解し「転化」するという認識は誤っている。なぜなら，収入とは価値が転化したものではないからである。可変資本を例にとれば，その価値を担っていた貨幣が，労働力の購買とともに労働者の手に渡り，労働者の手のもとでその貨幣は収入として機能するのである。資本価値が貨幣の機能をとって，その貨幣が収入の形をとるのであって，資本価値が収入に転化するのではない。そのことは剰余価値についてもあてはまる。

ところで先ほど述べたように，このフランス語版第17章では，いくつかの重要な書き換えが行われている。その主要な特徴は，労働者が生産した価値が，労働力の価値と剰余価値とに分割されると強調されている点である[2]。

　なるほどマルクスは，労働力の価値と剰余価値との「分割」とは言いこそすれ，それらが「収入」として「分解」されるとは，決して述べていない。しかし資本価値の「分割」という強調が，リカードウにおける価値の「相反関係」および収入の「分解」を想起させるものであることは言うまでもない。

　そこで我々は，その書き換えられた部分をリカードウ学説とのかかわりにおいて詳細に検討して，第17章の趣意がどこにあるのかをつきとめてみたいと思う。

II　リカードウの利潤論

　古典派経済学の分配論としてリカードウのそれを選ぶのは，不適切なことではない。古典派経済学の頂点として，マルクスが，アダム・スミスと並んで高く評価した経済学者であるからである。しかし何よりも，リカードウがその主著『経済学および課税の原理』において，分配理論の確定こそが経済学の主要問題であると宣明した事実が，我々をしてリカードウ分配理論の検討に駆り立てるのである。

　リカードウは次のように述べる。

　　大地の生産物——つまり労働と機械と資本とを結合して使用することによって地表から取り出されるすべてのものは，社会の三階級の間で，すなわち土地の所有者と，その耕作に必要な資財つまり資本の所有者と，その勤労によって土地を耕作する労働者との間で分けられる。
　　だが社会の異なる段階においては，大地の生産物のうち，地代・利

潤・賃金という名称でこの三階級のそれぞれに割り当てられる割合はきわめて大きく異なるだろう。なぜなら，それは主として，土壌の実際の肥沃度，資本の蓄積と人口の多少，および農業で用いられる熟練と創意と用具とに依存しているからである。

　この分配を規定する諸法則を確定することが経済学の主要問題である[3]。

そこで我々は，リカードウの分配理論のあらましをさしあたり瞥見しておこうと思う。全体は31の章と3つの付録で構成されている[4]。我々が研究の対象とするのは，以下の部分である。

　第1章「価値について」
　第2章「地代について」
　第5章「賃金について」
　第6章「利潤について」

第1章では，リカードウはかなりの部分を割いてスミスの支配労働価値説を批判しつつ，商品の生産に投じられた労働の量（および質）こそが価値を規定するのだと述べている。「商品に実現される労働量がその交換価値を規定するのだとすれば，労働量の増加は必ずその労働力が加えられた商品の価値を上昇させるに違いないし，同様にその減少は必ずその価値を低下させるに違いない[5]。」

第2章では差額地代について論じられている。リカードウはここでは，人口の増加が土地を耕作圏に引き入れることになるとし，肥沃な土地から劣等地へという順番で耕作されてゆくと前提している[6]。そうなると，最劣等地の収穫高と肥沃地での収穫高との差が，穀物量単位での地代を構成するということになる。しかし，金額単位での地代は，劣等地が次第に耕作圏に引き入れられるにつれて高騰してゆくのである。なぜなら，最劣等地における穀物の価値が，すべての耕作地における穀物の価値を規定するのだからである。劣等地とは一定の資本を投じても，より少ない収穫高しか生み出さない土地である。だから，最劣等地を耕作している農業資本家に

第2章　リカードウ利潤論とマルクス剰余価値論

採算(7)を保証するためには，穀物価格は高騰しなければならない。その高騰した穀物価格が，すべての穀物の価格を規定するのだから，穀物の価格は全般的に騰貴し，そして金額単位での地代収入はますます大きくなるのである。

第5章は賃金論である。ここでは賃金の額が何によって規定されるのかが解明されている。「労働者が，彼自身と，労働者数の維持に必要な家族とを維持する力は，彼が賃金として受取る貨幣量には依存せず，その貨幣が購入する食物，必需品，および習慣によって不可欠になっている便宜品の分量に依存している。それゆえ，労働の自然価格は，労働者とその家族の扶養に要する食物，必需品および便宜品の価格に依存している」(8)。賃金の分量を決定する法則を説明しているこの叙述は，つぎの利潤論において，重要な理論的基礎となる。

第6章の利潤論は，いわば，利潤率の歴史的趨勢を述べた部分である。まずリカードウは，商品の価値が賃金と利潤とに分解されるという，いわゆる分解価値説を前置きとして語る。「価格を規定する質の土地を耕作する農業者も，財貨を製造する製造業者も，生産物の一部分をも地代のために犠牲にはしない，彼らの商品の全価値はただ二つの部分に分割される。すなわち，ひとつは資本の利潤を，ほかは労働の賃金を構成する」(9)。したがって，「穀物と製造品がつねに同じ価格で売れると仮定すれば，利潤は賃金が低いか高いかに応じて高いか低いかであろう」(10)。つまり賃金の量が独立変数であり，利潤の量が従属変数であると述べているのである。賃金が低ければ利潤は高くなり，賃金が高ければ，利潤は低くなる。ところで我々がまえに確認したところによれば，賃金の量的水準を決定するものは，「食物，必需品および便宜品の価格」であった。そして，リカードウの地代論では，人口の増大につれて劣等地が耕作圏に引き入れられ，それゆえ穀物価格は歴史的に騰貴してゆくことが述べられた。そうすると，原生産物（主として穀物）の価格騰貴とともに，名目賃金も高くなり，したがって利潤量および利潤率は低下してゆくということが論理的に帰結される。

57

利潤の自然的傾向は低下することにある。というのは，社会の進歩と
　　富の増進につれて必要とされる食物の追加量は，ますます多くの労働を
　　犠牲にして獲得されるものだからである。(11)

　以上，リカードウの経済理論の基礎を瞥見したうえで，我々は次の二つ
の特徴を指摘することができるだろう。
　第一に，リカードウの論理の運び方は，マルクスの相対的剰余価値における論理と基本的には同じものだということである。マルクスによれば，資本家は特別剰余価値の獲得のために生産力の上昇につとめる。他に先んじて新しい生産方法を採用した資本家は，比較的安い個別的価値をもった商品を，社会的価値またはそれより低い価格で販売する。その社会的価値と個別的価値との差額が特別剰余価値である。しかし，その生産上の優位は一時的なものであり，やがてその新生産方法は社会全体にゆきわたる。その新生産方法が労働者の必需品生産部門に及ぶならば，労働者の消費する商品は安価になり，労働力の価値は下がり，剰余価値率は上昇する。労働者の必需品生産部門を農業部門と読みかえ，剰余価値を利潤と読み変えるならば，リカードウにおける利潤の運動法則とマルクスにおける相対的剰余価値の運動法則とはおなじものであることが理解される。ただ結論が違うだけである。リカードウは利潤率の低下を結論しているのに対し，マルクスは剰余価値率の上昇を結論している。この相違は我々の興味を引くが，ここでは立ち入らない。ただ，リカードウが事実上，相対的剰余価値の論理のみを発見したということを確認しておこう。
　第二に，リカードウが商品の価値をもって，即，利潤と賃金という二つの収入範疇に分解されるとしているということである。生産物価値が，諸収入に分かれるとする「分解価値説」もまた正しくない。なぜなら，剰余価値を含む生産された資本価値が収入に転化するのではないからである。またさらに言えば，商品価値がすべてこの三つの収入に分割されると説くことは，不変資本に該当する価値生産物の販路が存在しないと結論するに

第2章 リカードウ利潤論とマルクス剰余価値論

等しい。そのことは，不変資本部分に該当する商品を買うための収入が不足するために，有名なスミスのドグマが生じてこざるを得ないことにあらわれている。したがって，労働者の生産した価値の「分割 Teilung」を強調することは理論的に正しいことであるが，収入の「分解 Aufloesung」を説くことは正しくない。

III 剰余価値と労働力との価値との分割の理論

我々がこれから研究するのは，フランス語版『資本論』第1巻第5篇第17章「剰余価値と労働力の価値との間の量的比率における変動」である。マルクスはこの章において書き換えを行っているが，それには一定の特徴がみられる。それは，労働者が生産した価値が労働力の価値と剰余価値とに「分割」されるという点である。そして，場合によってはそれらの等価を「分け前」とも表現している[12]。価値の「分割」については，マルクスは次のように述べている。

　　労働日は不変の大きさであって，労働力の等価と剰余価値とに分割diviseされるおなじ価値を不断に生む[13]。

ここで注意すべきなのは，次のことである。第一に，労働者は，次期の生産過程のための労働力の価値，可変資本を剰余価値も含めて（再）生産したのであり，その意味では，生産過程の終了時における総価値は分割されているということである。第二に，労働力の価値と剰余価値とは「相反関係」ないしは「相関関係」を有しているということである。

以上のことをふまえたうえで，この第17章の内容を検討してみよう。

第17章は，4つの節に分かれており，第4の節は，二つの部分に小分けされている。第1節は「与件—労働時間と労働の強度が不変。労働の生産

59

性が可変。」と題されている。ここでは，相対的剰余価値の生産に関する理論が前提となっているのだが，しかし，それをそのまま要約しているわけではない。ここでは，労働力の価値と剰余価値との分割関係が，相対的剰余価値の理論を前提として叙述されているのである。

　ここでマルクスは三つの法則を提示している。

(1)　労働の生産性の変動がどうあろうとも与えられた大きさの労働日はつねに同じ価値を生産する。
(2)　剰余価値と労働力との価値とは互いに逆の方向に変動する。剰余価値は労働の生産性と同じ方向に変動するが，労働力の価値は反対の方向に変動する。
(3)　剰余価値の増加または減少はつねに，労働力の価値の対応的な減少または増加の結果ではあるが，決してその原因ではない。[14]

　第一の法則は，後の二つの法則の前提条件として説明されたものである。第二の法則は剰余価値の労働力の価値との「相反関係」を述べたものである。第三の法則は，労働力の価値と剰余価値との間の「相関関係」を説明している部分である。つまり，労働力の価値の変動が原因となって剰余価値の量が変動するのである。この三つの法則を定式化したのち，マルクスは再度，総価値が，労働力の価値と剰余価値とに分割されるといった書き換えを行っている。

　　我々は12時間労働日が6フランの総価値を生産し，この6フランが労働力の価値4フランと剰余価値2フランとに分割されるdiviseと仮定した。換言すれば8時間の必要労働と4時間の剰余労働がある。労働の生産性が倍加すれば，労働者はもはや，自分の毎日の生活手段の等価を生産するために必要であった時間の半分しか必要としないであろう。彼の必要労働は8時間から4時間に下がるであろうし，そのことによって彼

60

第2章　リカードウ利潤論とマルクス剰余価値論

の剰余労働は4時間から8時間に上がるであろう。同様に，彼の労働力の価値は4フランから2フランに下がるであろうし，この低下は剰余価値を2フランから4フランに引き上げるであろう。[15]

　見られるように，12時間労働日が6フランの価値を生産し，それが剰余価値と労働力の価値に分割されると述べているのである。そして労働の生産性が倍加して必要労働時間が半分になれば，そのことが労働力の価値を半分にするというのである。ここで強調されているのは，次の2点である。第一に，労働力の価値と剰余価値とが「分割」されているということ。第二に，両者が「相反関係」および「相関関係」を有しているということである。
　第2節は「与件―労働時間と労働の生産性が不変。労働の強度が可変。」と題されている。つまり労働の強度が変化した場合，労働力の価値と剰余価値との関係がいかなる変化を来たすのかという問題が取り扱われているのである。

　　だから，労働時間と労働の生産性が与えられておれば，労働の強度が社会的な平均強度を超過すればするほど，労働はますます大きな価値として実現する。例えば，12時間労働日中に生産される価値がこのように不変的ではなくなって可変的になるから，その結果，剰余価値と労働力の価値とが等しい比率かまたは等しくない比率で同じ方向にあい並んで変動することがありうる。同じ労働日が6フランの代わりに8フランを生産すれば，労働者の分け前（la part）と資本家の分け前とは明らかに3フランから4フランに同時に上がることがありうる。[16]

　見られるようにマルクスは，労働日による総価値の分割を述べ立てている。それと同時に，労働力の価値と剰余価値とを「分け前」と呼称している。これは，分割された総価値の二つの要因（労働力の価値と剰余価値）が

61

「相反関係」および「相関関係」をもっていることを示唆しているものと見ることができる。

第3節は「与件——労働の生産性と労働の強度が不変。労働時間が可変。」と題されている。この理由はあとで述べる。

ここでは，労働日つまり労働時間が可変であるという新しい条件が追加される。しかし，絶対的剰余価値の生産に関する理論が単純に繰り返されているとみなしてはならない。

われわれはつねに本章でも，それ以降と同様に，最初12時間と計算される労働日——必要労働6時間と剰余労働6時間——が，6フランの価値を生産し，そのうち半分が労働者の手に入り（echoit a l'auvrier），他の半分が資本家の手に入る，と仮定する。[17]

ここでもまた，労働日の半分が「労働者の手に入り」，残りの半分が「資本家の手に入る」という言い方がされている。「手に入る」という表現は収入としての貨幣に用いられるべきであって，価値に適用される言葉ではない。マルクスが敢えてこのような表現を採用したことの理由は後に述べられるであろう。

第4節は「与件——労働時間，労働の生産性，労働の強度の同時的変動。」と題され，いわば，前の三つの節からの応用的研究である。この節は「労働の生産性の減少と，労働時間の同時的延長。」という部分と，「労働時間の同時的短縮を伴う，労働の強度と労働の生産性との増大。」という部分に小分けされているのだが，第一の部分には，明らかに労働力の価値と剰余価値との「相反関係」および「相関関係」を意識した叙述が存在する。

土地の肥沃度が減退する結果同じ労働量がいままでより少ない通常の

第 2 章　リカードウ利潤論とマルクス剰余価値論

消費用商品を生産し，その増加した価値が労働者の日々の生計費を引き上げるから，この生計費が今後は 3 フランではなく，4 フランもかかる，と仮定しよう。労働力の新しい日価値を再生産するために必要な時間は，6 時間から 8 時間に上がるであろう。すなわち，労働日の半分ではなく 3 分の 2 を吸収（obsorbera）するであろう。したがって剰余労働は 6 時間から 4 時間に，剰余価値は 3 フランから 2 フランに下がるであろう。

これらの事情のもとで，労働日が 14 時間に延長され，追加の 2 時間が剰余労働に付加されるとすれば，剰余労働が再び 6 時間になるので，剰余価値はやがて 3 フランという最初の大きさに再び上がるが，それにもかかわらず，その比率上の大きさは減少したのである。剰余価値は，労働力の価値にたいし 3 対 3 であったのが，もはや 3 対 4 の比率でしかなくなるからである。(18)

上記の文言では，「労働力の新しい日価値」が労働日の 3 分の 2 を「吸収」すると述べられているのである。そしてその結果，労働日のうち労働力の価値の占める部分と剰余価値の部分との比率が変化すると述べている。この書き方のうちに，労働力の価値と剰余価値の分割と，それらの「相反関係」および「相関関係」が含意されていることは言うまでもない。

以上のように，マルクスはこの第 17 章の全ての節において，労働力の価値と剰余価値とが分割され「相反関係」を示唆してまで理論展開を図っている。しかし問題はここから始まるのである。なぜマルクスは，労働力の価値と剰余価値とに相反関係を持ち込むことになったのか。あるいは，両者を「分け前」（la part）とまで表現する必要があったのか。

したがって問題は改めて次のように定式化されるであろう。第一に，なぜマルクスは，ここ第 17 章に至って，価値の分割を強調するに至ったのか。あるいは両者を「分け前」（la part）と呼んでまで価値の分割を強調する理由は何だったのか？　第二に，両者の「相反関係」および「相関関係」を強調するに至ったのか。

63

Ⅳ　マルクスはなぜリカードウ流の表現を用いたのか

　マルクスは何故に，絶対的剰余価値の生産と相対的剰余価値の生産とを，価値分割の観点から整理することにしたのだろうか。そのためには，まず，この章がフランス語版校閲以前からリカードウ批判の趣旨をもっていたことを理解しておく必要がある。

　(1)　第一に，第17章を構成する4節の順番にリカードウ批判の意味は込められている。既述したように，第17章は「労働生産性のみが可変」「労働強度のみが可変」「労働時間のみが可変」等々という条件の順番で叙述されている。第1節においては，生産性が可変で他の条件が不変であるという仮定が置かれ，その前提のもとに価値分割の諸関係が論じられている。これは，既に見たようにリカードウにおける利潤（率）低下の論理と同一である。リカードウは，労働者の生産した価値が「賃金」と「利潤」という収入に分解されると判断した点で誤りを犯したが，その「収入」の「分解」を，労働力の価値と剰余価値の「分割」として表現し直せば，リカードウの論理とマルクスの論理は同一である。したがって，この仮定が第1節に位置している理由は，リカードウが実質的に相対的剰余価値をしか把握しなかったという事実を，敢えて引き立たせるためだったといいうる。実際マルクスはこの第1節において次のように述べている。

　　われわれがいま開陳したばかりの三つの法則は，リカードウによって初めて厳密に定式化された。しかし，彼は，これらの法則が真実であるばあいの特殊な条件を資本主義的生産の一般的排他的な条件にする，という誤りを犯している。彼にとっては，労働日がその大きさを変えることも労働が強度を変えることも決してないのであるから。労働の生産性が依然として唯一の可変的要因なのである。[19]

つまり，リカードウは労働日が決して大きさを変えることがないという前提を固守していたため，相対的剰余価値の生産の理論をもってしか価値の分割（収入の分解）を論じることができなかったというのである。

第二に，リカードウの固定的な労働日の仮定をマルクスが批判した叙述として次のようなものがある。

　イギリスでは，1799年から1815年までの期間中，食糧の漸進的な騰貴は，実質賃金が下がったのに，名目賃金の上昇を惹き起こした。ウエストやリカードウはこの現象にもとづいて，農業労働の生産性の減少が剰余価値率の低下を惹き起こしたと結論し，この全く架空の与件が，賃金，利潤，地代の大きさの比率にかんする重要な研究のための出発点として，彼らに役立った。ところが，実際には，労働の強められた強度と強制的な延長とのおかげで，剰余価値は絶対的にも相対的にも増加した。この時代を特徴づけるものはまさに，資本と極貧との加速的な拡大である[20]。

1799年から1815年，食糧価格が騰貴した。名目賃金はそれに従って上昇したが，それは以前の生活水準を償うものではなかった。ところが資本家たちは，名目賃金の上昇を契機として，いっそうの搾取に走ったのである。他方，ウエストやリカードウは食糧価格の騰貴は「労働生産性の減少」のためであり，それが剰余価値率の下落を惹き起こしたと「結論」してしまった。実際は，食糧価格の騰貴は，剰余価値の絶対的・相対的な増加によって十分埋め合わされたのだが，固定的な労働日の仮定を設けていた彼らには，その事実が見えていなかったのである。

マルクスは，リカードウの同時代人マルサスに次のように語らせ，評価している。

　パンと労働が完全に並行して前進することは，めったにない。しかし，明らかに，両者をこれ以上は引き離すことができない限界がある。問題

となった（特に1814－1815年の議会調査委員会で）賃金の低下を惹き起こす高物価時代に，労働者が払った異常な努力はどうかと言えば，それは確かに，個人としては非常に賞賛に値するものであり，資本の増大を助長するものである。しかし，幾らか人間性をもっている人間であれば，これらの努力が際限なく長引くのを見ようと願うだろうか？ これらの努力は，与えられた期間には感嘆すべき救済であっても，それが絶えず行なわれれば，その結果は，一国の人口がその食糧の極限にまで追い込まれたばあいと同じ結果になるだろう（マルサス『地代の性質と増進にかんする研究』ロンドン，1815年，48ページ，註）。リカードウその他の人々が，非常に目立った事実を目前にしながら，彼らのあらゆる研究の基礎を，労働日が不変の大きさであるという与件の上に置いたのに対して，マルサスが，彼のパンフレットのほかの諸節で直接に注意を促している労働日の延長を，確証したことは，彼の名誉である[21]。

リカードウは労働日の延長という事実を目の当たりにしながら，あくまでも労働日一定という前提にこだわったのである。この部分では，マルクスは，リカードウへの批判をマルサスに語らせている。

したがって以上に見たごとく，リカードウ批判の素地は，フランス語版校閲の以前から『資本論』のなかに存在していたのである。

(2) それではなぜ，フランス語版校閲の段階に至って，マルクスは労働日による価値が分割されるということを強調したのだろうか。そして，それらの「相反関係」および「相関関係」を強調したのだろうか。そしてなぜ労働力の価値と剰余価値とを「分け前」と表現したのだろうか。

その理由は，リカードウ流の「分解」価値の学説と，それを前提とした剰余価値把握の一面性の批判のためであろう。

リカードウ流の分解価値の学説とは，労働者が生産した価値が，即，賃金・利潤・地代といった諸収入に分かれるとする学説であり，古典派なかんずくリカードウによって採用された。この学説は何度も言うとおり誤

りである。マルクスは「利潤」の代わりに「剰余価値」を用い，「賃金」の代わりに「労働力の価値」を用いた。すなわち，「分解」価値説の用語を，労働力の価値と剰余価値への「分割」のための用語として表現し直している。そして，マルクスはそれらの価値額が「相反関係」および「相関関係」をもっている如くに叙述を整理しなおす。すなわち，価値額の運動をリカードウ流に整理したのである。このように叙述をあらためてから，マルクスはさらに，労働力の価値や剰余価値を「分け前」と表現し，また「労働力の価値」が労働者の「手に入り」，「剰余価値」が資本家の手に入ると表現することになる。

　いわばマルクスは，リカードウの誤った用語をいったん科学的な用語に直してから，次にそれらの用語をリカードウ流に説明しなおしたのである。

　では，なぜマルクスはリカードウ流に用語を使用する必要があったのか。たとえば，労働力の価値や剰余価値を「分け前」と説明したり，労働力の価値や剰余価値が，「価値」であるにもかかわらず，労働者や資本家の「手に入る」などと説明を加える必要があったのか？　それは，リカードウの剰余価値学説の一面性を，さらに批判するためである。リカードウの一面性を批判するためには，あくまでも科学的立場に立脚しつつも，リカードウと同じ説明の用語を採用しなくてはならないのである。そのために，リカードウの表現に擬して「分け前」や「手に入る」などといった俗流的な表現が用いられなくてはならなかったのである。リカードウの一面性への批判については，フランス語版以前においてもその素地は見受けられたが，フランス語版に至って，その趣旨はますます鮮明になったのである。

　前章で述べたように，リカードウおよびリカードウ学派が「利潤」（剰余価値）の変動要因として意識しているのは，労働の生産性でしかない。労働の強度や，労働日の延長などは視界に入っていないのである。そうした一面的な剰余価値論を批判するために，マルクスは敢えて，労働による価値が労働力の価値と剰余価値とに「分割」されると強調する必要があった。またそれらの「相反関係」および「相関関係」を強調する必要があっ

たのである。さらに，それらを労働者と資本家の「分け前」とも呼ぶ必要があったのである。フランス語版校閲における眼目は，リカードウ流の剰余価値論の一面的性格への批判である。

V 結　論

　この章では，フランス語版第17章「剰余価値と労働力の価値との間の量的比率における変動」が，古典派経済学なかんずくリカードウの分配論を批判するために設けられたものであったということを明らかにしてきた。顧みれば，フランス語版第16章「絶対的剰余価値と相対的剰余価値」においては，リカードウが，「利潤（剰余価値）の原因とは何か」とは問わず，それゆえに労働日一定という仮定を設け，相対的剰余価値の論理のみを事実上発見したに止まり，絶対的剰余価値の発見には至らなかったことが示される。そして，リカードウの剰余価値把握の一面性を批判するために，それに続く第17章「剰余価値と労働力の価値とのあいだの量的比率における変動」においては，剰余価値と労働力の価値とが「分割」されると強調され，それらの価値の「相反関係」および「相関関係」が研究される。そしてリカードウの「収入分配」論に擬した形でリカードウ批判が行われることになる。

　以上の分析により，マルクスが最後に校閲したフランス語版『資本論』第１巻第５篇第17章「剰余価値と労働力の価値とのあいだの量的比率における変動」は，『資本論』の前章の内容をふまえて，古典派経済学なかんずくリカードウの分配論を批判するために設けられたと結論することができよう。

第2章　リカードウ利潤論とマルクス剰余価値論

小　括

　以上の考察のごとく，フランス語版第17章はリカードウ批判，とくに彼の労働日一定の前提を批判する内容をもっているということが明らかにされた。もともと，第17章はリカードウの剰余価値把握の一面性を批判する趣旨をもっていた。しかし，第16章においてリカードウ批判が追加されるにともなって，意識的あるいは無意識的に，リカードウ流の「分解」価値説に代わって，価値の「分割」を強調しなければならなかった。さらに，リカードウへの批判のために労働力の価値と剰余価値との「相反関係」および「相関関係」を強調しなければならなかった。こうしたリカードウの誤りは，第一に，彼が資本と収入とを同一視していたこと，第二に，「利潤」（剰余価値）の生産方法として労働生産性の変化しか把握していなかったことに起因する。この後者の原因が，次の第18章（現行版第16章）において，剰余価値率の表現形式の説明において，さらに展開されることになるのである。

（１）　Д. И. Розенъерг《Комментарии ко первому, второму, и третъему томам "Капитала" К. Маркса》Москва, 1931г.（デ・イ・ローゼンベルグ『資本論注解』梅村二郎訳，開成社，1932年）。
（２）　我々は，商品価値の「分解」という言葉が誤りであると前提して叙述を進める。マルクスは次のように書いている。「労賃，利潤，地代という三つの収入が商品価値の三つの「構成部分」をなすというばかげた定式は，A・スミスの場合には，商品価値がこの三つの構成部分に"分解される"sich aufloestという，さらにもっともらしい定式から生まれてくる。この定式もまた誤りであ」る，と。これはいわゆる「分解価値説」が，「構成価値説」の起源となっていることを表わしているものである。ただし，マルクスは，商品価値が労働力の価値と剰余価値とに分かれることは「分割（されうる）」teilbar と表現している。しかし，不変資本を含めた全商品価値が，それらに分割されると前提するのは「誤り」である（Karl Marx-Friedrich Engels Werke, Band24, Institute fuer Marxismus-Leninismus beim ZK der SED, Dietz Verlag, Berlin,

1963, s.384.)。なお訳文は『資本論』(新日本出版社) を用いた。
（3） *The Works and Correspondence of David Ricardo, edited by* Piero Sraffa with the collaboration of M. H. Dobb, Cambridge University Press, 1951-55. Volume Ⅰ, *On the Principles of Political Economy and Taxation, 1951.* (『リカードウ全集』第1巻, 堀経夫訳, 雄松堂出版, 5ページ)。
（4） リカードウ『原理』第3版（最終版）は32の章によって構成されており、そのうち、「政治経済学の諸原理」は最初の7章である。
（5） Ricardo, *op.cit.*, p.13. (『リカードウ全集』第1巻, 雄松堂出版, 16ページ)。
（6） 土地の耕作の順序は、リカードウも述べるように、実際には豊度だけでなく位置も関係するので、必ずしも肥沃地から劣等地へ向けて耕作されるという順序にはならない。「もっとも肥沃であり、またもっとも有利な位置を占める土地が、最初に耕作されるであろう」。Ricardo, *op.cit.*, p.72. (『リカードウ全集』第1巻, 雄松堂出版, 85ページ)。
（7） これは『原理』の第6章, 利潤論で詳細に述べられることであるが、一般に「採算」とは、農業資本家が投じた「資本」に対して一定の利潤量、あるいは利潤率が保証されることである。マルクスの差額地代（第Ⅰ形態）のばあい、最劣等地での穀物価格は、投下資本額に一般的利潤率を乗じて計算される。この場合の資本額とは、不変資本と可変資本との合計額である。しかし、リカードウの計算方法はこれとは違っている。彼は、穀物産出量が耕境の拡大するにつれて減少してゆくことを前提している。そして、地代分を除いた、労資が分け合うべき穀物価格総額が、それぞれの土地において同一のまま（リカードウの例証では720ポンド）であることを前提する。ところが、その720ポンドの穀物価格総額の中には、利潤と賃金のみが含まれ、最初に投下された資本額は含まれていないのである。リカードウは次のように述べる。「農業者のはじめの資本が3000ポンドであると仮定すれば、彼の資本の利潤は第一の場合には（最も肥沃な土地）480ポンドであるから、16パーセントの率にあるであろう」(Ricardo, *op.cit.*, p.117. (『リカードウ全集』第1巻, 雄松堂出版, 136ページ))。文脈から推察して、この3000ポンドの「はじめの資本」は、穀物価格に算入されない資本額、それも「固定資本」（不変資本）であると解するほかない。なぜなら賃金として支出されている240ポンドは、この3000ポンドとは別のものだからである。したがって、リカードウの場合、資本家とくに農業資本家の採算とは、固定資本に対する利潤率が保証されていることを意味するものと言えよう。
（8） Ricardo, *op.cit.*, p.93. (『リカードウ全集』第1巻, 雄松堂出版, 109ページ)。
（9） Ricardo, *op.cit.*, p.110. (『リカードウ全集』第1巻, 雄松堂出版, 128ページ)。
（10） Ricardo, *op.cit.*, p.110. (『リカードウ全集』第1巻, 雄松堂出版, 128ペー

第2章　リカードウ利潤論とマルクス剰余価値論

ジ）。
(11) Ricardo, *op.cit.*, p.120.（『リカードウ全集』第1巻，雄松堂出版，141ページ）。
(12) 原典では"la part"と記されている。これは「部分」を第一義とするフランス語女性名詞であり，「分け前」の意味もある。本章では，訳文は『カール・マルクス　フランス語版資本論』（江夏美千穂・上杉聰彦訳，法政大学出版局）を用いた。後述するが，この章では，価値が労働者や資本家の「手に入る」という言葉も登場するので，ここでは，マルクスは敢えて「分け前」の意味でpartを使用したのであろう。
(13) Karl Marx/Friedrich Engels:Gesamtausgabe（MEGA），Hrsg.vom derInstitute fuer Marzismus-Leninismus beim ZK der SED, Abt2. Band7, Dietz Verlag, Berlin, 1991, S.450. 以下，MEGA II /7, S.450.と略記する。なおこの文言は，初版および第2版には存在しない。なお訳文は，『フランス語版資本論』（法政大学出版局）を用いた。
(14) MEGA II /7, S.449-450.
(15) MEGA II /7, S.451. これに該当する文言は，初版および第2版には見当たらない。
(16) MEGA II /7, S.453.
(17) MEGA II /7, S.454.
(18) MEGA II /7, S.455.
(19) MEGA II /7, S.452.
(20) MEGA II /7, S.456.
(21) MEGA II /7, S.456.

第3章　古典派経済学の剰余価値率と近代経済学の分配率

I　問題の所在

　この章での我々の研究対象は，『資本論』第1巻第5篇第16章「剰余価値率の種々の相違」である。しかしそのまえに，我々がこれまで第5篇について研究してきたことを中間的に総括してみよう。

　われわれの研究は，第14章「絶対的および相対的剰余価値の生産」，第15章「労働力の価格と剰余価値との大きさの変動」に向けて行われてきた。我々はこれまで，第5編の剰余価値の性質に関する議論や，第5編そのものに含まれるいくつかの内容を検討してきたのである。その結果分かったことは，第5編の首章をなす第14章においては，主としてリカードウ学派の「利潤」（剰余価値）の把握に対する批判が行われており，ジョン・スチュアート・ミルという頂点にいたって，もっともはっきりと誤りが浮かび上がるということであった。つまり，第14章が執筆されるにあたってマルクスが念頭においていた認識とは，リカードウその人が「利潤」（剰余価値）の原因とは何かという問いを忘れ，その結果，労働日はつねに一定不変であるという誤った前提を固持していた経済学説史上の事実であった。そしてさらに第15章では，労働生産力のみを可変とした条件のもとにおいてのみ「利潤」（剰余価値）の運動を考察した，リカードウの視野狭窄の誤りが露呈されている。

　さらに詳しく言えば，リカードウ学派に対する批判の眼目となったのは次の点である。本来「利潤」（剰余価値）とは，資本家が強制力をもって，必要労働時間を超過して労働させた時間（剰余労働時間）を根拠としている。剰余労働時間には，資本家による労働者にたいする強制・従属関係が

73

刻印されている。したがって，その剰余労働時間の長さ，ひいては労働日全体の長さは，剰余価値を渇望する資本家の意思ひとつによって決まるのだから，労働日が一定であるということはありえない。それは延長されてゆく傾向をもつといいうるだろう。しかしリカードウは労働日を一定のものと考え，その労働時間が対象化した価値から賃金分の価値が差し引かれ，その残余が「利潤」（剰余価値）の額となると考えたのである。

したがって，リカードウにとっては「利潤」（剰余価値）の大きさというものは，不変的な日労働による価値から賃金分の価値を差し引いて計算される。それは「利潤」（剰余価値）の大きさに関する考察であり，決してそれの存在根拠を研究する考察ではない。もしある労働者が，かりに10時間労働していたとすれば，リカードウからみれば，その労働時間は，資本家の強制によって延長させられた結果なのではなく，自然が，あるいは慣習が彼に強いた結果であるということになる。つまりリカードウは，10時間という労働時間のなかに強制・従属関係を看取することはないのである。この剰余労働の強制，または強制された剰余労働こそが剰余価値の存在根拠であるにもかかわらず。

では，なぜリカードウはこのような誤りに踏み込んでしまったのだろうか。それは，当初から，労働時間が何によって決まるのか，あるいは同じことだが剰余価値の起源または「原因」とは何かという問いを忘れたことによる。この問いの不在から労働時間一定という非現実的な仮定が生じ，そこから絶対的剰余価値の見過ごしという結果にまで至ったのである。

第15章「労働力の価格と剰余価値との量的変動」の意義は，以上の考察から容易に導かれる。このように絶対的剰余価値を見損ねたリカードウを批判するべく，マルクス自ら，あえて分配論の言い回しを使って，絶対的剰余価値の生産の見落としを浮き彫りにさせるという意義をもっているのである。[2]

以上がこれまでの研究であった。しかし第5編に関してさまざまな解釈上の疑問が未解決のまま放置されてきたことは言うまでもない。その大

第3章　古典派経済学の剰余価値率と近代経済学の分配率

きなものの一つが，第16章「剰余価値率の種々の相違」という部分である。これを解決しなければならないのには二つの理由がある。第一に，ここでもまた古典派経済学への批判が行われているということである。すなわちここでも「古典派経済学」の誤り，派生的な剰余価値の定式が存在しているということである。前に先立つ2つの章において古典派経済学批判が行われてきたというのであれば，ここでの眼目もまた古典派経済学批判であると考えるのは至当なことである。そしてまた，古典派経済学に対する批判がどの観点から行われているかを研究することによって，第5篇全体の意義もまた浮き彫りにされてくるであろう。これが第一の理由であり，言い換えれば『資本論』解釈上重要となる理由であろう。第二の理由は次のようなものである。マルクスが叙述した3種類の剰余価値率（Ⅰ『資本論』で使われてきた剰余価値率，Ⅱ古典派経済学が前提していた剰余価値率，Ⅲ剰余労働のかわりに不払労働という概念を使用した剰余価値率）のうちⅡの定式（古典派経済学の剰余価値率）は，今もって経営学およびマクロ経済学の「労働分配率」（あるいは「資本分配率」）として派生し残存している[3]。したがって，本稿で第15章「剰余価値の種々の定式」を明らかにすることは，『資本論』第5編の意義の解明につながるばかりでなく，近代経済学の誤謬の起源を明らかにするという現代的課題にもつながるであろう。

　したがって本稿では，第一に，第Ⅱ定式・古典学派の剰余価値率が『資本論』においてどのような意義をもっているのかを研究することにする。その研究は，ふたつの段階に分かれるだろう。最初に，その古典学派の剰余価値率が第16章のなかでもっている意義の研究。次に，そのように内容の明らかにされた第16章が，第5篇全体のなかでどのような意義をもっているか，ということに関する研究である。以上が第一の研究の内容である。第二の研究は次のとおりである。その古典学派の剰余価値率が，経済学説史のなかでどのような「発展」を遂げてきたのか，ということにかんするものである。このようなやり方で，古典学派の剰余価値率を研究してみることにしたい。

II　古典学派の剰余価値率とマルクスの剰余価値率

『資本論』第一巻第16章「剰余価値率を表わす種々の定式」の研究のための端緒となりうるような，この章の特徴を挙げてみよう。第一に，この章は三種類の剰余価値率の羅列によって構成されている。つまり，これら剰余価値率（Ⅰ・Ⅱ・Ⅲ）の比較対照によって叙述が進行しているのである。第二に，おのおのの剰余価値率の表現においては，同じ比率が違った概念によって翻訳されており，それらがイコールで結ばれているということである。第三に，この章から他の章への内容的な結びつきを暗示する文言が見られるということ，また内容には，他の章の内容に結びつくことを暗示するような文言が見受けられ，またその逆も存在するということである。この三つの疑問を端緒とすることによって，我々は第16章の意義とは何かという主題に入り込むことができるだろう。

まず第16章で提示されている三種類の剰余価値率をここで提示することにしたい。

$$\text{I} \quad \frac{剰余価値}{可変資本} = \frac{剰余価値}{労働力の価値} = \frac{剰余労働}{必要労働}$$

$$\text{II} \quad \left(\frac{剰余労働}{労働日}\right) = \frac{剰余価値}{生産物価値} = \frac{剰余生産物}{総生産物}$$

$$\text{III} \quad \frac{剰余価値}{労働力の価値} = \frac{剰余労働}{必要労働} = \frac{不払労働}{支払労働}$$

以上が三種類の剰余価値率である。剰余価値率がなぜ三種類必要なのだろうか，という疑問から説き起こしてゆきたい。

第3章　古典派経済学の剰余価値率と近代経済学の分配率

Ⅰに並べられている剰余価値率は，マルクスが『資本論』のなかで第16章に至るまで登場させてきたものである。「剰余価値/可変資本」という比率が最初におかれている理由はなんだろうか。それは，これがマルクスの剰余価値率のうち最も基本的なものだからである。剰余価値率とは，基本的には，資本家が投じた可変資本がいくら増殖したかについての増殖率のことである。増殖，つまり変わりうるからこそ可変資本variables kapitalと呼ばれるのである。その比率は，二つの後続する比率に，等号によって結ばれている。三番目の比率において分子に剰余労働が登場する。これによって，剰余価値の存在根拠が剰余労働であることが示される。

Ⅱに並べられている剰余価値率は，「派生的な定式」，「〔古典〕学派の」剰余価値率と呼ばれている。フランス語版では最初の比率，分母と分子ともにカッコが付されている。なぜなら「剰余労働という概念は，ブルジョア経済学では明確に表現されていないから」(4)である。これらの派生的な剰余価値率は正しい剰余価値率とはいえない。マルクスがⅠで示したような科学的な剰余価値率は，たしかに古典派経済学にあっても事実上完成されている。だが，事実上完成されているということと意識的に完成されていることとは天地の隔たりがあるのである。科学的な定式は「古典派経済学では，事実上仕上げられているが，意識的には仕上げられていない」(5)。この定式で表現されているのは，分母の数字がどのくらい増殖したか，という増殖率ではない。むしろ，一定の生産期間において生産された価値のうち，どのくらいの価値額・物量が労働者に分配されたか，という分配率なのである。

　三番目の第Ⅲ定式の特徴は，不払労働と支払労働という概念によって構成されている比率が登場していることである。これにはつぎのような意義がある。まずこの定式は，第Ⅱ定式を組み替えて出来上がったものだということである。だから，剰余労働にあたる部分は「不払労働」という概念があてられているのである。なぜなら強制された超過労働，という意味（剰余労働）がまだ存在しないからである。したがって，ここでは剰余価

値は，搾取された価値，または可変資本から増殖した価値という意味をもたない。むしろ「不払労働」には，搾取ではなく収奪された，奪い取られた労働時間という意味合いが込められていると見るべきであろう。

したがって，ここ第16章に挙げられている三つの定式には，つぎのような関連があると考えるべきであろう。まず第Ⅰ定式についてみれば，これはマルクスによる科学的な定式であるから問題はない。むしろ，古典学派による第二の定式の誤りを浮き彫りにする役割をもっていると言うべきであろう。また第Ⅲの定式は，事実上，分配率しかもっていなかった古典学派であっても，不払労働という概念を用いれば，剰余価値の生産または搾取という関係に到達することまではゆかずとも，マルクスのような科学的な剰余価値率に接近しえたということを示している。

この第16章では古典派経済学の第二の定式こそが主柱なのであり，これと関連するかたちで他の定式が並んでいると考えるべきであろう。というのは，Ⅰの剰余価値率群とⅢの剰余価値率群は，それぞれ，それまでの叙述においてマルクスが折に触れて登場させてきたものであって，新奇さはないからである。したがって定式Ⅱを中心に論じてゆくのが適切であると思われる。

Ⅲ　古典学派の剰余価値率・定式Ⅱの由来

1　古典派剰余価値率と賃金「後払い」

ここで我々は，以上の経済学者たちが何ゆえ剰余価値率の認識についてあやまってきたのかを検証してみなくてはならないだろう。つまり，どうして定式Ⅱというものが生じてきたのかを考察してみなくてはならないだろう。そこでまず，第16章の古典派経済学の剰余価値率について，マルクスが述べているところを聞こう。

　　生産過程は，労働力を一定期間購買することから始められるのであ

第 3 章　古典派経済学の剰余価値率と近代経済学の分配率

り，この開始は，労働〔力〕の販売期限が切れるごとに，したがって一定の生産期間，たとえば週や月などが経過するごとに，絶えず更新される。しかし，労働者は，彼の労働力が働いて自分自身の価値と剰余価値とを商品のなかに実現させたあとで，はじめて支払われる。したがって彼は，剰余価値——これをわれわれはしばらく資本家の消費元本にすぎないものとみなす——と同じように，彼自身への支払元本である可変資本を，それが労賃の形態で彼のもとに還流してくる以前に生産しているのであって，彼はこの元本を絶えず再生産する限りでのみ仕事を与えられる。ここから，賃金は生産物そのものの分け前であるとする，第16章のIIに示した経済学者たちの定式が生じる。[6]

かりに賃金が生産期間の最終時点で支払われるものとしよう。そして，資本家はつねに500ポンドの可変資本を用いて生産するものとしよう。剰余価値率が50パーセントであれば，250ポンドが剰余価値であるということになる。ところで資本家は当初の可変資本500ポンドを支払わないで労働させるのだから，賃金を支払う時点で資本家が有している価値は500（支払っていない可変資本）＋250（剰余価値）＋500（再生産された可変資本）で，合計1250だということになる。そうしてようやく500だけの価値が賃金として労働者に支払われることになる。つまりここで賃金がようやく「後払い」されることになるのである。[7]ところで，このとき，収入として支払われるはずの価値は，後払いされた賃金500と剰余価値250であろう。再生産された可変資本の価値500は次の生産期間で後払いされることになるのである。すると，経済学者の目からは，労働者と資本家とが手にするはずの収入750は，その生産過程の間に生産された価値であり，それが労働者・資本家にそれぞれ分配されていると見えるだろう。そのことが「賃金は生産物そのものの分け前である」ということの意味である。このような観念が成立すれば，剰余価値が生産物価値からの分け前であるという定式IIが生じるまでには一歩の距離しかない。

2 古典学派の剰余価値率・定式Ⅱの限界

　以上が古典学派の剰余価値率の生じた理由である。そして第16章でもっとも多く説明の割かれているのは，この剰余価値率に関する部分である。したがって第16章での目的は，この定式を紹介することだといってもよいだろう。問題とされているのは，二点である。第一にこの定式では剰余価値率が誤って表現されるということである。第二に，資本と賃労働とのあいだの関係をまちがって表現するということである。これら二つの特徴は，この派生的な定式が事実上，分配率として機能しているということに起因している。たとえば第一の特徴である，剰余価値率の表現の誤りは，元来は分配率であるものを，可変資本の増殖率であるととらえてしまったところに問題があるのである。つまり「これらの式のどれでも，現実の労働搾取度すなわち剰余価値率がまちがって表現されている[8]」のである。これはどういうことだろうか。

　たとえば式の（Ⅱ）によれば，「6時間の剰余労働/12時間の労働日」は，「剰余価値率」を50パーセントとしか表現しない。つまり100パーセントを越える値は決して表示しないのである。「これらの派生的な式は，じっさいには，労働日またはそれの価値生産物が資本家と労働者とのあいだで分割される比率を表現している[9]」。つまりこの定式が100パーセントを決してうわまわらないこと自体が，増殖率・剰余価値率たりえないことの理由なのである。

　第二の特徴，つまり，資本・賃労働関係の歪曲ということもまた，この定式が分配率として生じたことと密接に関係があるのである。

　　剰余価値と労働力の価値とを価値生産物の分数部分として表わすこと《中略》は，資本関係の独自な性格を，すなわち可変資本と生きている労働との交換なり，この交換に対応して行われる，生産物からの労働者の排除なりを，覆い隠している。その代わりにあらわれてくるものが，労働者と資本家とが生産物をそれのいろいろな形成要因に応じて分配す

第3章 古典派経済学の剰余価値率と近代経済学の分配率

る協同関係，というまちがった仮象なのである。[10]

　上記文言では，分配率としての古典学派の剰余価値率が，資本・賃労働関係を歪曲してしまうということが述べられている。資本・賃労働関係の代わりに，生産物は経営者と労働者とともに作り上げるものだという関係が述べられ，それぞれに与えられた収入は，それぞれの貢献に応じたものだという関係が現われるのである。

　したがってこの古典学派の剰余価値率が俎上にのぼせられている理由も明白であろう。それは，剰余価値率という名の分配率なのである。実質的には分配率であるものが剰余価値率として取り扱われているために，二つの不都合が生じているのである。

3　第16章の構成とその意義

　ここでは第16章で羅列されている三つの剰余価値率を吟味してみよう。第Ⅰの定式は，マルクスがこれまで折に触れて紹介してきた剰余価値率であり，内容は科学的であり，その点はまったく問題はない。しかしなぜここに科学的な剰余価値率をあえてまとめて提示する必要があったのかといえば，それは第一に，第Ⅱ定式・古典学派の剰余価値率との比較対照性を浮き彫りにする必要があったといいうるであろう。そして第Ⅱの定式では，それは事実上，剰余価値率（価値増殖率）ではなく分配率であり，剰余価値率として取り扱うや否や誤った結論が導き出されるということを我々は確認した。そして，第Ⅲの定式では，不払労働・支払労働という言葉が用いられているが，これは，こうした諸概念を使用すれば古典派経済学でも実質的には正しい剰余価値率に接近しえたということを表現している。そして，不払労働・支払労働という概念も第Ⅰの定式に沿って理解すればけっして不合理なものではないことが明らかにされる。

　したがって，この第16章で羅列された三つの剰余価値率は，それぞれ固有の意味と連関的な意味を有するのである。まず第Ⅰの科学的な剰余価値

率が基軸となって冒頭に存在する。これが基本部分である。そしてこの基本的な剰余価値率との比較のもとに，古典学派による派生的な剰余価値率への批判考察が可能となる。そして，基本的な剰余価値率によって科学の裏づけを与えられた第Ⅲの剰余価値率は，古典派経済学もまた，正しい剰余価値率に事実上，達しえていたことを明らかにしているのである。「剰余労働の期間では，労働力の利用は，資本家のために価値を形成するのであるが，それは資本家には価値の代償を要しない。資本家は労働力のこの流動化を無償で手に入れるのである。この意味において，剰余労働は不払労働と呼ばれる」。[11]

したがってこの第16章の主たる結論はこうである。第Ⅱの定式では，古典派経済学が剰余価値率を意識的に完成させなかったために，やはり剰余価値率の歪曲が起こっているのだということである。つまりここでは経済学批判（リカードウに対するもの）が行われている。

したがってこの第16章全体の目的は剰余価値率の定式Ⅱというキーワードを軸にしての経済学批判である，といいうるであろう。

4　第16章の他の章への影響。第16章の第5篇内部における意義

次にまず，第16章の古典派経済学者たちの剰余価値率（Ⅱ群）が『資本論』全体のなかで果たす論理的役割について考察することにしよう。それは，何をおいてもまずリカードウ学派の誤った前提を確立させた要因としてあげておかねばならない。その誤りとは，リカードウ学派における労働日一定の前提に対する補足・言及である。

繰り返すが，リカードウ学派が労働日一定の仮定を保持するにいたった原因は，そもそもリカードウまたはリカードウ学派が剰余価値の原因に関する問いを忘れたことに起因する。「リカードウは，剰余価値の源泉には無関心である。彼は，剰余価値を，彼から見れば社会的生産の自然的な形態である資本主義的生産様式に内在する一つのことがらのように，取り扱っている。労働の生産性について語る場合，彼は，そこに剰余価値の定

第3章　古典派経済学の剰余価値率と近代経済学の分配率

在の原因を求めるのではなく，ただ，剰余価値の大きさを規定する原因を求めているにすぎない。これにたいして，彼の学派は，労働の生産力を利潤（剰余価値と読め）の発生原因として声高く宣言した。《中略》とはいえ，リカードウ学派も，この問題を回避しただけであって解決しはしなかった」[12]。つまりリカードウは，剰余価値の大きさの研究にのみ専心し，剰余価値の原因とは何かとは問わなかったのである。またのちのリカードウ学派も「利潤（剰余価値）の原因」とは何か，と形式的には問いながら実質的には利潤の大きさに関する問いばかりを研究していたのであった。こうしたことのために労働日が可変であるということが忘れられ，労働日一定という仮定がリカードウおよびリカードウ学派の通念となったのである。

問題は，これに加えて古典学派の剰余価値率が労働日一定という仮定を確立させてしまったということである。マルクスはつぎのように述べている。

　　労働日を不変の大きさとして取り扱う〔古典〕学派の方法は，定式Ⅱの適用によって確立された。なぜなら，ここでは，剰余労働はつねに，ある与えられた大きさの労働日と比較されるからである。価値生産物の分割がもっぱら注目される場合も，同様である。すでにある価値生産物に対象化された労働日は，つねに与えられた限界をもつ労働日である[13]。

したがって，この意味からするならば，この古典学派による定式Ⅱは，第14章「絶対的および相対的剰余価値の生産」の内容を補足するものだと言えるだろう。詳述すれば次のようになる。第14章では，古典学派が剰余価値の「原因」に無関心であったことが主たるテーマとなっている。そして剰余価値の「原因」すなわち存在根拠を問い忘れたことが労働日一定という誤った仮定を招いたのである。「剰余価値の源泉と性質とが明確につかまれていないために，剰余価値・プラス・必要労働，要するに総労働日は固定的な大きさとみなされ」[14]る。だが，もう一つの要因が，リカードウにおける労働日一定の仮定を確立させるに至る。それがこの古典学派によ

る定式Ⅱなのである。そのような意味で，古典学派の定式Ⅱは，リカードウの労働日一定という仮定をもたらす二つの同格の要因である。

残る第15章の役割は，リカードウの労働日一定の仮定の視野狭窄さを浮き彫りにして批判するところにある。第15章は二つの意味で，古典派の労働日一定の仮定を批判していたのであった。

第一に，この章では，労働日の大きさ，労働強度，労働の生産力，といった三つの要因が，それぞれ二つを所与とし残り一つの要因を変化させた場合，労働力の価値と剰余価値との比率がどのように変動するのかを考察している。いわば，労働日の大きさを所与とするといった一面的な考察は行われていないのである。そういった意味で，この章全体が，労働日一定を前提とした古典派的な仮定を批判しているといえる。

第二に，リカードウ自身が，労働日が可変であるという事実を見ていたにもかかわらず，労働日一定の仮定を保ち続けた，という学説史的な事実が明らかにされる。例えばマルクスは，まずマルサスの証言を持ち出して，リカードウが時代の現実を顧みず労働日一定という仮定を固持していたことを糾明する[15]。

上記二点，マルクスは第15章において古典派の労働日一定の仮定を批判の対象としてあげている。そのことが可能となっているのも，直前の第14章で労働日一定の仮定の生成を説明しているからであり，また，第16章で，労働日一定の仮定の強固ならしめた古典学派の第二の剰余価値率を紹介しているからである。

Ⅳ 古典派の剰余価値率の歴史的展開

これまでの考察で，我々が得たことは次のようなものであった。すなわち，マルクスによる科学的な剰余価値率とは別に，古典派の剰余価値率が生まれたということである。そして，じっさいには，日労働による価値生産物または生産物量から資本家の収入がいかに分配されるか（あるいは同

第3章　古典派経済学の剰余価値率と近代経済学の分配率

じことだが労働者の賃金がいかに分配されるか）という分配率として機能しているということであった。そして分配率として機能した古典派の剰余価値率は，最終的には資本—賃労働関係をも歪曲して表現するに至る。

　我々がこれから行うのは，リカードウに始まった，古典派経済学の剰余価値率がいかにして受け継がれ，そして資本—賃労働関係を歪曲してゆくか，という学説史的考察である。結論を先取りして言えば，その剰余価値率，すなわち定式Ⅱは少なくともマーシャルにまで受け継がれた時点で基本的な完成をみる。そして，現代においては，マクロ経済計算や個別企業内部の労資間の分配関係を表現するためのイデオロギー装置として機能するようになるのである。

　それでは，まずリカードウにおいて剰余価値率ならぬ分配率がいかに現われているかを見てゆくことにするが，その前に古典派の剰余価値率についてマルクスがどのように述べているかを確認しておこう。マルクスは，古典派経済学の剰余価値率がいかなる機能を果たしていたかについて次のように述べている。

　　　この派生的な定式は，実際には，労働日またはその価値生産物が，資本家と労働者とのあいだに分割される比率を表現している。

ここでは，古典派経済学が事実上用いていた上記の剰余価値率とは，分配の比率にほかならないということが暴露されている。つまり，この定式では剰余価値率がまちがって表現されているために，事実上，分配率として機能しているのである。そこでまず我々は，この剰余価値率ならぬ分配率がリカードウにおいてどのように現われているかをみてゆく必要がある。

1　リカードウにおける剰余価値率概念

　まず言っておくべきことは，リカードウにあっては，「利潤」（剰余価値）は，労働者によって生産された生産物の価値から，労働者の生存に必

要な価値額，いわゆる労賃を引いたものとして把握されていた。マルクスの剰余価値概念と違う点は，概念の命名そのものはさておき，マルクスのばあい労働力の価値を超過させた分の価値と捉えているのに対し，リカードウは，「利潤」（剰余価値）を，労働が対象化されたところの価値から労働者の賃金分の価値を差し引いた，残余の価値としてしか認識していなかったということである。これは剰余の価値でもなければ，増殖させられた価値でもない。したがって，リカードウは，利潤（剰余価値）の存在を資本関係のなかから強制的に生み出されたものとして説明しようとはしない。それは，労働の生産力が高かったために労働者が生産した価値から残った価値として認識されているのである。このような事態に立ち至ったのはリカードウの場合，「利潤」（剰余価値）の大きさがどう決定されるかという問題意識しかなかったことに由来する。このことは再三述べた。

　それではリカードウの場合，剰余価値率はどの叙述に現われているだろうか。

　　あらゆる場合において，製造業の利潤はもちろん農業の利潤も，原生産物の価格の騰貴が賃銀の上昇を伴うならば，原生産物の価格の騰貴によって引き下げられる。もしも農業者が，地代を支払った後に彼の許に残る穀物にたいして，なんらの付加価値も得ないとすれば，そしてもしも両者が，より大なる価値を賃銀として支払うことを余儀なくされるとすれば，利潤は賃金の上昇とともに低下せざるをえない，という論点ほど明瞭に確立されうるものがほかにあるであろうか？[18]

　上記で言われているのは，次のことである。製造業を営む資本家の利潤も，農業を営む資本家の利潤も，もし土地生産物の価格が上昇して賃金が騰貴するならば，利潤の減少に甘んじざるを得ないということである。ここで重要なことは二つである。第一に，上記文言もまた，利潤と賃金とが生産された価値の「分け前」であるという思想が表現されているというこ

とである。第二に，これが重要なのだが，賃金が後払いされるということと分配の観念とが結合している，ということである。つまり，リカードウにあっては，マルクスのように先に賃金を支払ったことにして，それから価値増殖を行う，という思考の枠組みがあるわけではない。リカードウの念頭にあるのは生産過程の終わりに「付加価値」が出現して，それを労働者と資本家が分け合う，という図式なのである。なぜこうした図式があらわれたのかといえば，賃金が後払いされるからである。賃金が後払いされれば，最終的な生産物価値から不変資本をのぞいた部分は，分配のための「原資」のように観念されるであろう。上記で言われているのはそういうことである。

2　J. S. ミルのケース

J. S. ミルは，まず賃金の前払いを前提している。

　　私は，これから後の説明の全体を通じて，資本家は，労働の報酬の全部を含む，経費の全部を前払いするという事態を仮定している[19]。

ミルはこの文言以前にも賃金前払いを暗黙に前提しているが，同時にリカードウの分配論を継承している。

　　資本家の利得を左右するところのふたつの要素-そしてそれだけが左右するところの要素は，明らかに第一は生産物の大きさ，言葉をかえていえば労働の生産力であり，第二はこの生産物の中から労働者自身が取得するところの割合，すなわち労働者たちの報酬がその生産量に対して有する比率である。これらふたつの事項が，ある国の全部の資本家の間に利潤として分割さるべき総量を決定するところの要素である。がしかし利潤の率，資本に対するパーセンテージは，ひとりこれら二要素中の第二のもの，すなわち労働者の比例的分け前によって決定され，分けら

るべき総量に依存しない。[20]

　見られるようにミルは上記において，生産力に由来する生産物の大きさと「労働者の比例的分け前」（労働分配率）との組み合わせによって「利潤の率」が決定されるとしている。つまり，古典学派の剰余価値率の定式Ⅱがそのまま継承されているわけである。ただし注意しなければならないことは，ミルの場合には，賃金の前払いを意識的に前提したまま定式Ⅱが継承されているということである。これはつまり，定式Ⅱという誤った学説が，賃金「後払い」という前提的認識を欠いたまま独立して，別の経済学者の書物へ移動したということを意味する。同じことがマーシャルの学説の場合にも生じるであろう。

3　マーシャルの剰余価値率

　剰余価値率はマーシャルに至っては，もはや分配率と同義である。マーシャルは，直接的にはジョン・スチュアート・ミルの系譜に連なる経済学者であるが，ミルと同じように，剰余価値率が分配率に意味を変容させているのを看取することはできる。ところが同時に，賃金の後払いは前提されていないのである。つまり，ここでも剰余価値率ならぬ分配率が賃金後払いとは独立して継承されているわけである。

　まず，マーシャルが賃金の前払いを前提している箇所を検討してみよう。

　　ある特定の産業上の階級が一年のあいだに受け取るところの，国民分配分の分け前はその年のあいだにかれらが生産した財貨かその等価物からなっているとみるべきである。その年のあいだに生産しもしくはなかば生産した財貨のなかには，産業の資本家および企業者の保有するところとなり，資本のストックに追加されるようにみえるものが少なくないが，その見返りとしてかれらは，直接なり間接に，この年より以前に生産された財貨を労働者階級に譲り渡すわけである。[21]

第3章　古典派経済学の剰余価値率と近代経済学の分配率

　この場合，労働者階級に譲り渡される価値生産物（マーシャルは財貨と呼んでいるが）は以前の時期に生産されたものであり，したがってこの観点からすれば分配ではなく前貸しであるということになる。しかし，マーシャルにあっては，なぜ労働者が分配分の等価以上の生産をしなければならないのか，ということについての問題意識はない。利潤とは，彼にあっては，「完成商品」から労働者が「賃金として受領する」生産物価値を差し引いたものにすぎない。つまり，なぜ完成商品の価値が賃金に代表される価値よりも大きいのか，という問題意識はない。その利潤は，強制・従属関係のなかで生み出されたものではなく，与件として存在していたものである。したがって，マーシャルの場合には，賃金は前貸しであるという明白な理解はあるものの，そのことは「利潤」（剰余価値）の起源への本質的理解に結びついていないと言い得るだろう。
　ではマーシャルは労働と労働生産物との間の関係をどのように考えていたのだろうか。

　　労働と資本のあいだの取引は普通，賃金労働者がすぐ消費できるかたちをとった商品にたいする処分権を受領し，これと引替えに使用者の財をすぐ消費できるような段階に近づけてやるという形をとっている。このことはたいていの従業者にはあてはまるが，商品の仕上げ過程に従事しているものにはあてはまらない。たとえば，時計を組み立て完成するものは，彼らが賃金として受け取るよりはるかに多くのすぐ消費できる形態の商品を使用者に提供する。たとえていえば，播種から収穫におよぶような，いくつかの季節を含めて考えると，労働者は全体としてはかれらが賃金として受領するより多くの完成商品を手渡していることになる。[22]

　ここはマーシャルが経済学者としての良心がわずかばかりに垣間見えている部分である。マーシャルはここでリカードウと同一の水準に立ってい

るのである。つまり賃金の価値よりも労働者が生産した生産物価値のほうが大きいということはマーシャルも承知しているのである。しかし同時にリカードウと同じく，なぜ後者のほうが前者よりも大きいのか，という問いをもつことはないのである。

　しかしマーシャルにはその問いの予感はある。つまり，労働者に資本家（使用者）が賃金を与えて，その賃金の価値が増殖させられたものだという予感である。「しかしながら，労働の稼得は資本が労働にたいして行った前貸によって左右されると，いささか限定された意味ではいえないこともない」。マーシャルはこう述べている。労働の稼得とは完成商品全体の売上げのことである。ところがマーシャルは，ここで急に言を翻して，完成生産物は労働者と資本家との協同的な「前貸し」によって作られると言明するのである。

　　機械や工場，船舶や鉄道（不変資本のことである）はいわないことにしても——労働者に貸与した住宅やかれらが消費できる商品になるように加工していくいろいろな段階で使用する原料を思い浮かべてみれば，かれらが一ヶ月働いたのちに賃金を受け取ることになっており，その意味ではかれらもまた資本家にたいして前貸をしているとしても，その前貸に相当するものに比べてはるかに大きな資本がかれらに前貸されていることがうなずかれるであろう。

　見られるようにマーシャルにあっては，労働者が当初，資本家に対し「労働」を前貸しするのに対し，資本家もまた原料などを労働者に前貸しするという想定を行っている。ここでは，資本家と労働者の階級的な区別は無に帰している。つまり労働者の所有する労働力を資本家が購買し，労働者は唯一の財産である労働（力）を売るという関係は消失している。マーシャルにあっては，あたかも資本家という名の個人事業者と，労働者という名の，これまた個人事業者とが協力しあって生産物を生産していると

いう外観が叙述されることになるのである。これについては，さらに次のような叙述がある。

　資本全般と労働全般とは国民分配分の生産に関して協同し，国民分配分からそれぞれの（限界）効率に対応してその稼得を配分される。その相互の依存関係にはきわめて密接なものがあり，労働を欠いては，資本は働けないし，自己ないし他人の資本によって補足されない労働者は長くは生きていけない。
　資本と労働との協同は，紡績と織布のあいだの協同に劣らず欠くことのできないものである。[25]

ここに至っては，資本が労働者を強制的に使用して生産物価値を生産させるという視点は完全に失われている。ここで表明されているのは，資本と労働とが，ともに生産物をつくりあげ，それをともに分け合うという，虚飾にみちた協同的関係である。

小　　括

　われわれは本稿で，第16章の古典学派の定式Ⅱが現代経済学ならびに『資本論』第5篇全体に影響を及ぼしているかを研究した。その結果，その定式は，労働分配率として形態を変形させてマーシャルにまで及んでいることが理解された。また，『資本論』上では，その定式は労働日一定という古典学派の仮定を補強するものとして，マルクスによって析出されたものだということを確認した。したがって，一言で述べるならば，その古典学派の定式Ⅱは，古典学派自身が剰余価値の起源を把握するにあたっての障害ともなったわけである。またその古典学派を継承した経済学者にとってもまた，誤った経済学説，つまり歪曲された資本関係の表現の源泉の一つとなったともいえるのである。

我々はこれまで『資本論』第5篇の研究を行ってきたが，この第16章「剰余価値率の種々の相違」は，第5篇の総括とも言えるであろう。第14章（フランス語版第16章）では，剰余価値の存在根拠への問いを忘れたリカードウならびにリカードウ学派への批判が行われ，次いで第15章（フランス語版第17章）では，リカードウにその問いが欠落していたために，剰余価値生産の把握が全面的に行い得なかったことが指摘される。そしてこの第16章では，リカードウの誤りが剰余価値率の誤りとして簡潔に表現されることになるのである。そして，その誤った思想が，後世の経済学者に継承されてゆくことを我々は見た。

　我々が次章から，J. S. ミルやリカードウが，剰余価値や利潤をどのように取り扱ったか，ということをみてゆきたいと思う。

（1）　この章でもまた，古典派経済学が「利潤」と呼んでいたものを「剰余価値」と呼びかえるために，「利潤」（剰余価値）という名称を使用する。これについてマルクスは次のように述べている。「われわれが彼（リカードウ）の剰余価値の理論について論ずる場合には，われわれは，彼が利潤を剰余価値と混同し，したがって利潤を可変資本すなわち労賃に投下される資本部分との関連においてのみ考察しているかぎりでの彼の利潤について論ずるわけである」(Karl Marx/Friedrich Engels; Gesamtausgabe (MEGA), Hrsg. vom Institute fuer Marxismus-Leninismus beim ZK der KPdSU und vom Institute fuer Marxismus–Leninismus beim ZK der SED.Abt.2, Bd.3. 3, Diez Verlag, Berlin, 1978.S.1002.以下MEGA II /3.3.s.1002と表記する）。リカードウは利潤と剰余価値とを混同している。しかしリカードウにとっての「利潤」とはマルクスにとっての剰余価値である。したがって，リカードウのテキストにおける「利潤」は，科学的な観点からは「利潤」（剰余価値）と表記する必要があるのである。

（2）　フランス語版『資本論』の叙述をもとに第1巻第15章の内容を検討した本論文第2章「リカードウ利潤論とマルクス剰余価値論」参照のこと。フランス語版第15章では，生産された価値が資本家と労働者との間でいかに分割されるか，という観点から「労働力の価値と剰余価値との量的変動」が叙述されている。

（3）　労働分配率とは，主として企業の労働実務に際して取り上げられるカテゴリーである。経営学での定義は，たとえば次のとおりである。「企業活動の成果のうち労働者にどれだけ分配されたかを示すもので，その指標として，①付

第3章　古典派経済学の剰余価値率と近代経済学の分配率

加価値（売上高－原材料費。または賃金総額＋利子＋利潤）に占める賃金総額の割合，②国民所得に占める雇用者所得の割合」（吉田和夫・大橋昭一編著『基本経営学用語辞典 改訂増補版』同文舘，292ページ）。いずれにしても，ミクロ的にもマクロ的にも生産されたV＋MのうちVが占める割合という形態をとっている。この場合，賃金は分配されるものだという表象が先行して，それが前払いされるものだという科学的規定は覆い隠されてしまう。本論は，こうした可変資本の「分配」観念の装いが，古典学派の剰余価値率に起源をもつという観点から，両者の系譜学的関係を明らかにする目的をもっている。

（4）　MEGA II/7, S.458. 注意しておかなければならないことだが，リカードウが剰余価値の起源についての問いを怠ったのは，彼が労働と労働力とを混同していたためではない。つぎのような説は誤りである。「労働の価値という把握は，労働日の必要労働と剰余労働とへの分割それ自体を不明確にするものであり，このため剰余価値の源泉を不明確にするものであり，そのうえ総労働日は固定的なものとみなされ，剰余労働の強制，労働日を延長しようとする資本の本性が，直接的に理論化され説明されえないことになる」（『資本論体系3 剰余価値・資本蓄積』有斐閣，173ページ）。たとえばマルクスは，リカードウの剰余価値把握を述べた叙述部分において次のように述べている。「労働と労働能力の混同を別にすれば，リカードウは，平均賃金すなわち労働の価値を正しく規定している」（MEGA II/3. 3, S.1028）と。つまり，マルクスにあっては，リカードウが剰余価値の存在根拠を問い損ねた事実と，同じくリカードウが労働と労働力とを混同していたこととは，別の事柄なのである。

（5）　MEGA II/10 S.476. ではリカードウが，剰余価値の存在根拠を問い損ねた原因とはなんだろうか。マルクスは次のように語る。「リカードウは，日々の必需品に含まれている労働時間は，この必需品の価値を再生産するために労働者が労働しなければならない日々の労働時間に等しい，ということを当然前提している。しかし，かれはこれによって一つの困難をもちこみ，この関係の明確な理解を消し去っている。というのは，彼は，労働者の労働日の一部分を直接に労働者自身の労働能力の価値の再生産にあてられるものとして説かないからである。ここから二重の混乱が生ずる。剰余価値の源泉は明らかでなくなり，したがって，リカードウは彼の後継者たちから彼が剰余価値の性質を理解せず説明しなかったという非難を受ける」（MEGA II/3. 3, S.1029）。リカードウは剰余価値を，必需品の価値が増殖したものとしては把握しない。リカードウが把握しているのは，（労働による）価値をもった必需品と「利潤」（剰余価値）との対応関係である。労働力の価値と「利潤」（剰余価値）とのあいだに必需品そのものがはまりこんで，可変資本価値と日労働による価値とが直接対応することはないのである。もし直接的または意識的に，両者の価値を対応させていれば，利潤，否，剰余価値を生産するのは誰かという問いも，ひいては

剰余価値の存在根拠への問いも生じ得たであろう。だが、リカードウは剰余価値の存在根拠への問いにあたって、大きな価値と小さな価値とのあいだに必需品をはさみこむという点で躓いた。労働時間の一部を、必要労働時間ではなく必需品のための生産時間とみなした場合、利潤は、単に労働時間が対象化した価値から必需品の価値を差し引いたものという意味しか持ち得ない。つまり、「利潤」（剰余価値）は、その存在根拠が問題になるのではなく、単にその計算方法だけが問題になるにすぎなくなるのである。これが、リカードウが剰余価値の存在根拠を問い損ねた原因であった。このことに関して、「リカードウ全集」を編集したスラッファの意見は興味深い。「彼は、賃金を穀物から成るという、マルサスからしばしば攻撃された単純化を放棄して、賃金の構成要素として食物はなおすぐれて有力ではあるけれども、賃金は（製造品をふくむ）各種の生産物から成る、とみなすことができるようになった。いまや、計算の両側に現代語でいえば、投入と産出の両者として現れるのは、穀物ではなくて労働ということになった。その結果として利潤率は、もはや、生産中に使いはたされた穀物に対する生産された穀物の比率によってではなくて、そのかわりに、一国の総労働にとっての必需品を生産するために要する労働に対するその国の総労働の比率によって、決定されることとなった」(*The Works and Correspondence of David Ricardo, edited by* Piero Sraffa with the collabolation of M.H.Dobb, Cambridge University Press, 1951-55. Volume I, On the Principles of Political Economy and Taxation, 1951. xxxiii.：堀経夫訳『経済学および課税の原理』（リカード全集　第1巻），雄松堂出版，編者序文.）。ここではマルクスのリカードウ解釈とスラッファのリカードウ解釈との違いを記すにとどめておく。マルクスはリカードウが必需品の価値と労働による価値とを直接的に対応させたという点を批判している。しかしスラッファの場合は、リカードウが労働と労働とを対応させたという点を評価しているのである。この違いは関心を引くものであるが、別稿にゆずることにする。

（6）　MEGA II/10 s.507. なお資本論のこの文言は、草稿の次の部分に該当する。「労働者と資本家とが生産物の価値を分かち合うのだ、という経済学者の一部（たとえばリカードウ）のあいだで非常によく知られている観念は、われわれが総資本の総生産物を考察するときには生産物を、個々の資本を考察するときには生産物の価値を、分かち合うのだ、ということ以上にはなにも意味していない。この観念はけっして恣意的な観念ではない。たえず更新される連続した生産過程を考察すれば、つまり一つの個別的な生産過程が固定されるのでなければ、労働者が生産手段に追加する価値は、（一）可変資本が更新される、つまり労賃が支払われるもととなる、（二）剰余価値が《中略》流れ出てくるもととなる、ファンドを形成する。労働者が継続的に充用されなければならないのであれば、このことが可能であるのは、ただ、彼が継続的に自分自身への支

第3章　古典派経済学の剰余価値率と近代経済学の分配率

払いに役立つ,生産物の価値部分を再生産するかぎり,つまり彼が実際には自分自身への労働の支払手段をたえず再生産するかぎりにおいてでしかない。しかも,関係が本源的には,対象化された労働と生きた労働との交換として現われるのに,生産物の価値のなかには,対象化された労働が含まれているだけでなくて,生きた労働が対象化されているのである。だから,彼の対象化された労働が,彼の生きた労働の支払われるもととなるファンドなのである。」（MEGA II/3.6, S.2247）。

(7) 賃金の「後払い」については本書第6章を参照のこと。
(8) MEGA II/10, S.476.
(9) MEGA II/10, S.476.
(10) MEGA II/10, S.476.
(11) MEGA II/10, S.478.
(12) MEGA II/10, S.476.
(13) MEGA II/10, S.477.
(14) MEGA II/3.3, S.1029
(15) MEGA II/10, S.474.
(16) 『テキスト国民経済計算』（藤岡文七・渡辺源次郎著,大蔵省印刷局,平成6年）ではマーシャルの功績についてつぎのように述べている。「マーシャルは,経済を有機的な体制としてとらえ,理論のみならず量的な分析が必要であると指摘し,これが,現在の国民所得理論および実証経済学のはじまりとされている」（92ページ）。
(17) MEGA II/10, S.474.
(18) Ricardo, *op.cit.*, p.115.
(19) J. S. Mill, *Principles of Political Economy with Some of Their Application to social philosophy*, ed. by F. E. L. PRIESTREY, J. M. ROBSON, p.411.
(20) *ibid*. p.413.
(21) Alfred Marshall, *Principles of Economics*, Ninth (Variorum) Edition With Annotation by C. W. Guillebaud, p.542-543.
(22) *ibid,* p.543.
(23) *ibid,* p.543.
(24) *ibid,* p.543.
(25) *ibid,* p.544.

第4章　ジョン・スチュアート・ミルにおける
剰余価値率と利潤率

I　問題の所在。J. S. ミルにおける
剰余価値率と利潤率との意識的な混同

　ここで我々が行う研究は，ジョン・スチュアート・ミルの文献において剰余価値率と利潤率とがいかに混同されているかを確認することである。しかし，混同にも違いがある。アダム・スミスやリカードウといった経済学者とJ. S. ミルらとは，混同の仕方に違いがあるというのである。マルクスの述べるところを聞こう。

　　しかし，最初からわかっていることは，経験的な利潤と剰余価値との混同によってどのような〔混乱が生ずる〕かということである―利潤はまったく転化した形態で剰余価値を表わすのであり（それに対応する，諸商品の標準的価格とそれらの価値との相違そのものの混同によって〔生ずる混乱〕もまったく同じである）―，このような混同は，程度の大小はあれ，従来のすべての経済学に共通している（ただ相違があるのは，リカードウやスミスなどのような深遠な経済学者たちは，利潤を直接に剰余価値に還元しようとしており，換言すれば，剰余価値の抽象的な諸法則を直接に経験的な利潤によって示そうとしていることである。なぜならば，もしそうでないと，およそどんな合法則的認識もなくなってしまうからである―他方，経済学的愚物は，逆に経験的な利潤の諸現象を直接に剰余価値の諸法則として樹立し，言い表しており，実際には無法則的なものの外観を法則そのもの

として言い表しているのである。)」

　上記文言において重要なのは次のことである。アダム・スミスやリカードウは，なるほど剰余価値という概念は使用しなかったが，その代わりに「利潤」という概念を用いた。つまり「利潤」という語をもって剰余価値を表現したのである。そして，そのおかげで経済的諸現象をある程度まで合法則的に解明することができた。たとえば，リカードウは剰余価値という概念こそ持たなかったが，それを「利潤」と表現したうえで，相対的剰余価値の運動法則を把握することができた。反面，「利潤」(剰余価値)の存在根拠を問わなかったために，労働日の延長つまり絶対的剰余価値を把握することには至らなかった。我々がこれまで行なってきた研究はこのようなものである。

　しかし，「経験的な利潤の諸現象を直接に剰余価値の諸法則として樹立し，言い表」すことは，つまり利潤率を剰余価値率に還元するということである。このような例を別個に考察することがこの章の目的なのである。マルクスは，このような例を「経済学的愚物」と呼んでいる。この愚物にジョン・スチュアート・ミルが当てはまるかどうかが差し当たりの問題となる。

　ところでリカードウは，剰余価値を利潤と誤って表現している。したがって，彼が事実上剰余価値を取り扱っている場合でも，あるいは正しく利潤を取り扱っている場合でも，それらはひとしく利潤と呼称されている。

　そこで我々は，リカードウの後継者であるジョン・スチュアート・ミルにおいて，剰余価値率と利潤率との区別がどのようにおこなわれているのかを見てみたいと思う。これがこの研究の第一の問題意識である。

　しかし問題意識はそれだけではない。結論を先取りしていえば，ミルはリカードウよりも剰余価値率と利潤率との区別の点で進歩しているとは言えない。否むしろ，彼の生きていた時代の水準からすれば，退歩的であるとさえ言える。ミルがリカードウの学説を正しく発展させることができな

第4章　ジョン・スチュアート・ミルにおける剰余価値率と利潤率

かったことには，なにか理由があるのではないかと思われるのである。マルクスは初期のミルの経済学的論稿を読んで批判をおこなっている。しかし，「1861-63年草稿」におけるマルクスの論述は，草稿段階ということもあってか，ミルの論述の混乱ぶりを徹底的に批判しようとするあまり，叙述が十分に整理されていない。そこでマルクスの論述を整理したうえで，その批判の中身を十分に吟味してみる。そうすると，マルクスのミルへの批判のなかに汲み取るべき教訓が見出されるのである。それは，ミルの誤りは，何かの問題が明らかに提示されてそれへの解答を誤ったというより，問題の定式そのものからして間違えていたのではないか，という教訓である。この教訓を汲み取ることが第二の問題意識である。

　ところで，問題の定式そのものを疑うという方法が教訓たりうるのは何故か。それは我々がこれまで行ってきた『資本論』の読み方に関係があるからである。我々が主として用いてきた『資本論』の読み方とはこうである。マルクスはその著作のなかで古典派経済学との「差異」を浮き彫りにしようと努めている。そしてその差異の痕跡を手がかりとして読解を試みようとするものであった。そしてその差異とは，ある問題に対する解答の違いというより，問題設定の違いに起因している。したがって，我々の第二の問題意識は，次のように言いうるだろう。すなわち，マルクスがミルの剰余価値論および利潤論を批判するさいに，いかなる問題設定の違いを捉えてそれをおこなうのか，と。換言すれば，マルクスがリカードウの剰余価値率への批判を行うにあたって用いた方法が，ミルに対する批判においても用いられているのかどうか，ということである。我々は，上記二つの問題を「1861-63年草稿」の「5　剰余価値に関する諸学説」における「c　A・スミス　生産的労働と不生産的労働との区別」，とりわけ，J. S. ミルに関する「余論」を読んで，解明に向かおうと思う。

　そこで，まず我々が注目する部分は，『資本論』の叙述においてマルクスがミルの『経済学原理』をとりあげて，その「利潤率」(剰余価値率)の使い方を批判している箇所である。

さらにミルは言う——『一国の労働者の全体が，彼らの賃金総額よりも20%多く生産するとすれば，物価の状態がどうであろうと利潤は20%となるであろう』。これはまったくおかしな同義反復である。というのは，労働者が彼らの資本家のために20%の剰余価値を生産するなら，利潤は，労働者の賃金総額にたいして20対100の比率になるからである。(5)

　この文章において目に付くのは「まったくおかしな同義反復 eine aeusserst gelungne Tautologie」という言葉である。単なる同義反復ではないのである。この「まったくおかしな」という修飾が施されている理由をまず解明しなくてはならない。上記の引用文は次のように続く。

　他面，利潤が『20%になるであろう』というのは絶対に誤りである。利潤はもっと小さくならなければならない。なぜなら，利潤は，前貸資本の総額にたいして計算されるからである。資本家は，たとえば500ポンド・スターリングを前貸しし，うち400ポンド・スターリングを生産諸手段に，100ポンド・スターリングを労賃に，前貸ししたとしよう。剰余価値率が，仮定したように20%であるならば，利潤率は，20対500，すなわち4％であって，20パーセントではないであろう。(6)

　上記で書かれていることは，ミルが「利潤率」を「20%」と計算したことに対する批判である。ミルが「利潤（率）」を計算しようとするならば，「賃金総額」に対して計算すべきではなく，可変資本と不変資本の総額に対して計算すべきだったというのである。いわばミルは，剰余価値率と利潤率という概念を混同している。利潤率に乗ずるべき数字は前貸資本総額であるべきであって，賃金総額ではない。言い換えれば，前貸資本総額に乗ずるべき比率は，剰余価値率ではなく利潤率である。そういう意味でミルは，「剰余価値率」と称すべきところを「利潤率」と書いてすましている。ここに利潤率と剰余価値率との混同がある。つまり，この点では彼は

第4章　ジョン・スチュアート・ミルにおける剰余価値率と利潤率

リカードウから一歩も進歩していないのである。この意味で、ミルの同義反復はおかしさを含んでいると言いうるだろう。だが、おかしさは、本当にそれだけなのだろうか。つまり、このマルクスの批判は、ミルに対する外在的な批判にすぎないのではないか、という疑念がよぎるのである。

ミルのこの誤りは、単なる不注意ということで片付けられるのかどうか、という問題を含んでいる。というのは、『資本論』では触れられていないが、ミルの『経済学原理』では次のような内容が続くからである。まず、ミルは問題を整理するにあたって地代を捨象することを前置きしてから、次のように述べる。

　　各資本家の支出の大部分は、直接的な賃金支払いから成り立っている。これでない部分は、材料と道具（建物を含む）から構成されている。しかし材料と道具は労働によって生産されたものである。そして私たちが仮定している資本家は、ある単一の事業を代表しているものではなくて、国全体の生産的産業のひとつの型をなしているものであるから、私たちは、彼はその道具を自ら作り、材料を自らととのえると仮定することができる。しかし彼がこれをなすのは、これがためになされた先行的前払いによってであり、この先行的前払いは、またその全部が賃金から成り立っているのである。また彼は材料や道具を生産しないで、それを買い入れるのだと仮定してみても、事情は変わらない。この場合、彼は、先行的生産者が支払った賃金を、その先行的生産者に向かって払い戻すわけである。が、しかし彼がもしもそれらの物を自ら生産したとしたら、彼は、その利潤を、彼の支出のこの部分に対する利潤として――他のすべての部分に対して利潤をおさめるのと同じように――自らおさめるであろう。いずれにしても、材料や道具にはじまり、完成生産物に終わる生産の全過程において、前払いは（関係した資本家たちの一部は、一般の便宜のために、作業が完了しないうちにその利潤の分け前を払ってもらっているという点を除けば）すべてひとり賃金のみから成る、という事実はのこる。

101

最終生産物のうち，利潤にあらざるものは，すべて賃金の償還分である[7]。

　ミルの上記引用文は，つまるところ，マルクスのいう不変資本部分が結局は賃金と利潤に分解されるという空想を述べ立てているにすぎない[8]。そしてその不変資本部分を自らの内部で結合生産するのだと仮定しても，他社から買い入れるのだと仮定してみても，そのことは変わらないというのである。そしてミルは結論として次のように述べる。

　それであるから，資本家の利得を左右するところのふたつの要素—そしてそれだけが左右するところの要素—は，明らかに第一は生産物の大きさ，言葉をかえていえば労働の生産力であり，第二はこの生産物の中から労働者自身が取得するところの割合，すなわち労働者たちの報酬がその生産量に対して有する比率である[9]。

　ここでミルが述べていることは，商品の生産量から労働者の取り分を除いた部分が，利潤となるという単純な定式である。不変資本のことはまったく触れられていない。なぜなら，不変資本部分の価値は賃金と利潤に分解されるのだから，このなかに登場させることはできないからである。
　つまり，ミルが「利潤（剰余価値でなく）は20％となるであろう」と述べたのには，確信的な根拠が存在したのである。ミルは，不注意などではなく確信的な根拠をもって利潤率と剰余価値率とを「混同」したのである。というのは，彼にあっては，資本家の出資額はすべて賃金と利潤に分割されるのだから，全資本はひとり可変資本のみから成り，それゆえ剰余価値率と利潤率とを区別する必要がないからなのである。マルクスがミルの「利潤」（剰余価値）の計算過程をとりあげて「まったくおかしな」ものだと断じたのは，単に不注意から剰余価値率と利潤率とを混同しているということではなく，それを混同する背景となりうるような確信的な背景が存在していたからにほかならない。換言すれば，利潤の諸法則を剰余価値の

第4章　ジョン・スチュアート・ミルにおける剰余価値率と利潤率

諸法則に還元するような理論的操作が意図的になされていたからにほかならない。マルクスはそのことを見抜いていたからこそ，「まったくおかしな」と嘲弄気味に形容したのである。

　それでは，ミルはなぜこのような剰余価値率と利潤率との混同を肯定するような根拠を作り上げたのであろうか。それを我々は『経済学試論集』のなかに探りたいと思うのである。若き日のミルのこの著作を，マルクスは精読して批判を行っている。そしてミルの誤りの根源がどこにあるのかを整理し，マルクスの経済学批判の方法のひとつを明らかにしてゆきたいと思う。

II　J. S. ミルにおける剰余価値率と利潤率との混同——その起源

　この節ではミルが，本来的に証明しなければならなかった問題と，ミルが実際に証明しようとした問題とを付き合わせてみよう。そして，彼が取り組んだ問題が，いかに誤った理論的前提を必要とし，いかに誤った結論を引き出したのを吟味してみることにしよう。そこから，我々は，問題設定の違いがいかに違った結論を導くのかという例証のひとつを得ることになるだろう。

1　ミル『経済学試論集』該当箇所のあらまし

J. S. ミルは『経済学試論集』[10]のなかで，次のように述べている。

　　資本家が賃金を補償したのちに保有する総てのものがその利潤をなすと述べるのは，正しくない。資本に対する総収穫が賃金か利潤かであるということは真実であるが，利潤は，出資を補償したのちに残る剰余を成すばかりではなくて，また出資そのものに入りこみもする。資本は，一部分は賃金を支払いまたは賠償するために，また一部分は生産手段を組立てるためにその協力を必要とした他の資本家の利潤を支払うために

103

支出される。

　従って，出資のうち以前の利潤から成る部分を全体的または部分的に不要ならしめるような方法が案出されたとすると，明かに直接の生産者の利潤としてヨリ多くのものが残るであろう。他方，与えられた数量の商品を生産するに必要な労働の量，並びにこの労働に対して支払われる生産物の数量は変わらないから，労働の価格とその生産物との比率は従来と同じであり，賃金の生産費は，比例賃金は，同じであろうが，しかも利潤量は異なっているだろうと思われる。[11]

ミルが上記で述べていることは，利潤を生んだ資本もまた利潤と賃金に分解されるということである。そしてその根拠として，生産手段を「他の資本家」に生産してもらうのではなく自分で生産した場合，「他の資本家」が享受するはずの利潤が自分の手元に残り，利潤量が増大するということを挙げている。ミルはこのことを立証しようとする。

　これがミルの問題設定である。すなわち不変資本を不要とするかわりに労働者を追加的に雇い入れるという仮定を行う。そのうえで比例的賃金（生産物量に占める賃金の割合）が不変のまま利潤率は上昇するということを証明するのである。

　このことを簡単な例によって説明するために，この生産に直接に助力した労働者たちの賃金を補償するには生産物の三分の一をもって充分であり，次の三分の一はこの工程において用いられた材料および消耗された固定資本を補償するに必要であるが，他方残る三分の一は純利得であって，50パーセントの利潤となると仮定しよう。たとえば60クオーターの穀物を賃金として受け取る60人の労働者が，更に60クオーターの価値に上る固定資本と種子とを消費し，彼らの作業の結果が180クオーターの生産物であると仮定せよ。種子および道具の価格をその要素に分析するとき，それが40人の労働の生産物であったということが判る。けだし

第4章　ジョン・スチュアート・ミルにおける剰余価値率と利潤率

これら40人の賃金はさきに仮定した率（50パーセント）の利潤と併せて60クオーターをなすからである。従って，180クオーターから成る生産物は，併せて100人の，すなわちさきに挙げた60人と，その労働によって固定資本および種子が生産された40人との，労働の結果である[12]。

　上記において述べられていることは，180クオーターを生産する資本家は，60クオーターの価値の賃金（可変資本）と，60クオーターの道具と種子（不変資本）をもって，60クオーターの価値に値する利潤を生産したという仮定である。そして道具と種子で構成されている生産手段は別の資本家によって生産されたことになっており，一般的な利潤率が50パーセント（60/120）であるのだから，その60クオーターの生産手段も，40クオーターつまり40人の労働の結果のはずだというのである[13]。ここでミルは空想的ともいえる新たな仮定を持ち出す。

　　次に，極端な事例として，生産物の第二の三分の一（生産手段に該当する価値のこと）が，振り向けられた目的が全く廃棄されうるような何らかの方法が発見され，同じ分量の生産物が何ら固定資本の助けを借りることなく，あるいは計算するに足りるほどの価値ある種子なり材料なりを消費することなくして得られる何らかの手段が発明されたと仮定しよう。だが，これは，種子および固定資本を生産するに必要だったそれと等しい数の追加的労働者を雇い入れることなくしては行われえず，ために節約はただ以前の資本家たちの利潤（以前，生産手段を生産していた資本家の利潤）においてのみ行われると仮定しよう。この仮定に対応して，60クオーターの価値ある固定資本と種子とを廃棄するにあたって，従来どおり各々1クオーターの穀物を受け取る40人の追加的労働者を雇い入れる必要があると考えよう[14]。（マル括弧は筆者による）

　上記で言われていることは，それまで生産手段の生産を他の資本家に任

105

せていた資本家（第Ⅰの資本家）が，生産手段を不必要とするようになり，その代わり40人の労働者が追加的に必要となるという仮定が設けられたということである（第Ⅱのケース，第Ⅱの資本家）。言い換えれば，60クオーターの価値の不変資本が40クオーターの労賃と20クオーターの利潤に分割されたということである。その結果は次のようになる。

　　利潤率は明かに騰貴している。それは50パーセントから80パーセントに増進した。180クオーターという収穫は，かつては120クオーターの出資によってしか取得されえなかったが，いまや僅かに100クオーターの出資によって取得されうる。
　　従って，ここに否定すべからざる利潤の騰貴がある。賃金は，さきに与えた意味において低下したか否か。そうではないようである。
　　生産物（180クオーター）は依然として従来と同じ量の労働，すなわち100人の労働の結果である。従って1クオーターの穀物はなお以前と同じく一人一年間の労働の18分の10の生産物を，すなわち同じ生産費を受取っている。各人は，彼自身の労働の生産物の18分の10を，すなわち同じ比例賃金 proportional wages を受取っている。而して労働者たちは全体としてなお総生産物の同じ部分を，即ち18分の10を受取っている。(15)

　上記で述べられていることは，生産手段を使わないで40人の労働者を用いて同じ180クオーターの収穫が得られる場合，100人の労働者をもって180クオーターを生産したということなのである。ここでミルは総生産物の中に占める賃金の割合つまり「比例賃金」は以前と同じままであるということを力説している。ここでミルはリカードウ理論を「修正」するに至る。(16)

　　然らば，次のごとき結論を拒むことはできぬ，曰く，リカードウ氏の理論は不完全である，曰く，利潤率は排他的に彼のいう意味における賃

第4章　ジョン・スチュアート・ミルにおける剰余価値率と利潤率

金の価値，すなわちある労働者の賃金をその生産物とするところの労働の量にばかり懸かるものではない，曰く，それは排他的に比例賃金，すなわち労働者たちが全体として総生産物の中から受取るところの部分，あるいは個々の労働者の賃金が彼の個人的労働の生産物に対して有する比率のみに依存するものではない，と。(17)

　ミルが上記で述べていることは，リカードウ理論の「修正」である。リカードウの「利潤」（剰余価値）の計算の仕方は，生きた労働による価値から「賃金の価値」を差し引いたものである。ところが，生産物の直接的生産者が自己のもとで不変資本を生産すると，つまり結合生産を行うと，比例賃金はそのままであっても利潤率が上昇するというのである。つまり不変資本部分を利潤と労賃に分割させると，それらの価値部分が「利潤率」（剰余価値率）に影響を与えるというのである。これがミルのいうリカードウ理論の「修正」である。このことは下記文言においても示される。

　　ところで，我々の例においては，この種の減少が穀物の生産費に起ったと仮定されている。この物品の生産は六対五の比率で費用がかからなくなった。以前には120クオーターを費やしてのみ獲得されえた手段をもって生産されえたある数量の穀物が，今や，100クオーターをもって充分に購買しうる手段によって生産されうる。
　　けれども，労働者は，従来と同じ数量の穀物を受取るように仮定されている。彼は1クオーターを受取る。従って賃金の生産費は六分の一だけ低下した（120Q→100Q）。一人の労働者の報酬たる1クオーターの穀物はなるほど従来と同じ量の労働の生産物ではあるが，その生産費はそれにもかかわらず減少した。それは現在では，一人の労働の18分の10の生産物たるに過ぎない。かつては，その生産のために，この量の労働が利潤の賠償の形でなお五分の一に上る支出と相伴うことを必要としたのであるが（100Q→120Q）。(18)（マル括弧内は筆者による）

107

上記で言われていることは，不変資本が利潤20クオーターと労賃40クオーターに分解されたために，180クオーターの穀物を収穫するための費用が120クオーターから（労賃のみの）100クオーターに減少したということである。

　以上がミルの『経済学試論集』，「利潤および利子」の主要内容である。ミルが上記で，不変資本を不必要とするといった空想的な仮定を持ち出してまで証明しようとしたことは何であっただろうか。それはまず不変資本を生産する資本家の利潤部分への支払いを浮かせ，そのことによって，その利潤部分をIIの資本家の利潤に転嫁させることである。そして，こうした理論的操作の結果，直接的生産者の「利潤」（剰余価値）は増加し，剰余価値率と利潤率とは一致することになる。

　そこでまず我々は，ミルの例証を要約し，そしてそれが正しく立証されているかどうかを，マルクスにならって吟味してみることにしよう。それを行うことによってミルの問題設定が正しかったかどうかが明らかになるであろう。

2　ミルの例証の要約と計算の誤り

　我々はまず，ミルの考察を二つのケースに分けて研究してみることにしよう。第一は，直接的生産者が不変資本を他の資本家に生産してもらい，それを購入して生産を行う場合である。つまりこれが第Iのケースである。次に，直接的生産者が不変資本を必要としない状況下で，本来不変資本の生産に従事するはずであった40人の労働者を追加的に雇い入れて生産するケースである。これが第IIの場合である。

　資本家Iは60クオーターの価値をもつ不変資本と60人の労働者を養う60クオーターの賃金を使用して60クオーターの剰余生産物を生産する。生産物の総量は180クオーターである。この場合，剰余価値率は60/60であり100パーセントである。利潤率は，60/120であり50パーセントである。

　ここで不変資本が不必要でありながら，相変わらず180クオーターの生

第4章 ジョン・スチュアート・ミルにおける剰余価値率と利潤率

産物が収穫できるような発明が行われたとすると，第Ⅱのケースに移行することになる。この場合には，不変資本生産者の労働者をそっくりそのまま追加的に雇い入れるわけであるから，労働者の数は100人（60＋40）ということになる。したがってこの労働者たちを養う穀物は100クオーターである。そして相変わらず180クオーターの収穫があることになるのだから，剰余価値率は80/100であり80パーセントである。そして利潤率もまた80/100であり80パーセントである。利潤率は第Ⅰのケースでは50パーセントであったが，第Ⅱのケースでは80パーセントに上昇している。

さてこの時点で，ミルが証明しようとしていたことを思い出してみよう。ミルは比例賃金が同じままでも（100/180）利潤率は上昇しているということを証明したかったのである。先の引用をもう一度示してみることにする。

> 生産物（180クオーター）は依然として従来と同じ量の労働，すなわち100人の労働の結果である。従って1クオーターの穀物はなお以前と同じく一人一年間の労働の18分の10の生産物を，すなわち同じ生産費を受取っている。各人は，彼自身の労働の生産物の18分の10を，すなわち同じ比例賃金 proportional wages を受取っている。而して労働者たちは全体としてなお総生産物の同じ部分を，即ち18分の10を受け取っている。[19]

上記の文言の内容は正しいのだろうか。ここで我々は，マルクスにならって生産物の量を労働日に換算することにする。マルクスによれば，60クオーターの穀物は30日で生産される。すなわち1クオーターの穀物は1/2労働日で生産されるということになる。

すると第Ⅰのケースの場合，120クオーターの穀物が60労働日で生産されているわけであるから，1クオーターの穀物は60/120つまり9/18労働日で生産されているということになる。これに対して，第Ⅱのケースでは100労働日をもって180クオーターが生産されているわけであるから，1ク

オーターは10/18労働日で生産されているということになる。つまり，第IIのケースのほうが，生産に必要とされる労働時間は増加しているのである。しかるにミルは上記文言で「以前と同じく一人一年間の労働の18分の10の生産物を，すなわち同じ生産費を受取っている」と述べている。これは明らかに計算間違いである。「以前」の時期の「生産費」の労働時間は18分の9だったのである。ミルが証明しようとしたことは，比例賃金が同じままでも利潤率は上昇する（50%→80%）ということであった。しかし，生産物の量を労働日に換算してみれば，それが計算間違いであるということが判明する。利潤率はたしかに上昇してはいるが，比例賃金や，賃金を生産するための労働日も増加（9/18日→10/18日）しているのである。比例賃金はけっして同じままではない。ミルが，利潤率の上昇という自分の証明を貫徹させようとするならば，比例賃金が同じままであるという前提そのものが崩壊してしまうのである。[20]

3 ミルの誤った問題設定とマルクスによって正された問題設定

　以上のことからわかるように，ミルは，実際に犯した計算間違いはともかく，比例賃金が同じままでも利潤率は上昇するということを証明するために，IとIIのケースの比較を必要としたのである。そしてIのケースからIIのケースに移行するためには，不変資本を労賃と利潤に分解させる操作が必要だったのである。そしてその結果，利潤率（I）が剰余価値率（II）に転化することになったのである。

　まず第Iの資本家と第IIの資本家の利潤率を比較してみよう。前者は50パーセントであり，後者は80パーセントである。しかし労働生産性は前者のほうが高い，すなわち前者は9/18労働日で1クオーターの穀物を生産するのに対して，後者の資本家は10/18労働日で1クオーターを生産する。つまり一単位の生産物を生産するのに1/18労働日だけ余計にかかるのである。また後者の資本家の場合，労働賃金も増加している。すなわち第Iの資本家の場合，賃金として60クオーターが必要であったのに対して，第IIの資

第4章　ジョン・スチュアート・ミルにおける剰余価値率と利潤率

本家は100クオーターを要するのである。剰余価値率で計算すれば，前者は100パーセントで後者は80パーセントである。労働生産性の後退はこのようにも表現される。

　第Ⅱの資本家は労働生産性も低く，労賃も多く支払わなければならない。それにもかかわらず高い利潤率を得ている。これは事実である。しかし何故か？このことが本来的な問題として設定されなければならなかったのである。ところがミルが自己に課した問いはまったく違ったものであった。マルクスは次のように述べる。

　　彼（第Ⅱの資本家）は，剰余価値の率が低下し，したがって労働の生産性が低下し，したがって現実の賃金の生産費すなわちこの賃金に含まれている労働量が増大しているにもかかわらず，もうけるのである。ところがミル氏はちょうど正反対のことを証明しようとしたのである。[21]

ではミルが証明しようとしたことは何か。マルクスは次のように述べる。

　　彼の利潤率は80%であり，他方の資本家のそれは50%だったのである。なぜであろうか？そのわけは，Ⅱの場合に賃金の費用が上昇したにもかかわらず，彼がより多くの労働者を充用するからであり，また，Ⅱの場合には剰余価値の率と利潤の率とが両方ともただ労賃に投下された資本にのみ関係させられ，不変資本がゼロとされることによって，相等しいとされるからである。だが，ミルは逆に，利潤の率の上昇がリカードウの法則に従って労賃の生産費の減少から引き出される，ということを証明しようとしたのであった。[22]

つまりミルが証明しようとしたことは，不変資本を利潤と労賃に分解させ，そのことによって利潤率を剰余価値率に還元させ，そのうえで賃金の生産費の減少によって「利潤率」（剰余価値率）の上昇を証明するというこ

111

とだったのである。

　しかしミルのテキストを忠実に読めば，生産費の減少どころか生産費の上昇が起きているのである。言い換えれば，比例賃金の減少ではなくその増加が生じているのである。それは，労働者を多く雇ったせいであるが，いずれにしてもミルは自分に課した問題設定，つまりIIの資本が賃金の生産費または比例賃金の減少によって「利潤」を大きくしている，ということの証明にはならない。

　したがってミルの問題設定じたいに無理が生じているのである。賃金の生産費または比例賃金の減少によって「利潤」（剰余価値）が上昇するということの証明には失敗している。なぜなら賃金の生産費または比例賃金は上昇しているからである。(23) したがって，ひとまずマルクスによって正された問題設定が行われなければならない。それは「剰余価値の率が低下し（100%→80%），したがって労働の生産性が低下し（1クオーターの穀物の生産にかかる労働日は増大），したがって現実の賃金の生産費すなわちこの賃金に含まれている労働量が増大している（60Q→100Q）にもかかわらず，もうける（60Q→80Q）ことを証明することである。もし，このように問うていたならば，「利潤率」（剰余価値率）の上昇が起きることを証明するという問題設定そのものが生起しなかったであろう。賃金の生産費が減少することを前提とした問題設定には無理が生じている。その無理を覆い隠しているのが，穀物の生産費に関する計算間違いなのである。

4　ミルによる不変資本の分解

　だが，ミルによって設定された問題にはらまれた計算間違いにはしばらく目をつぶろう。根本的に問題とすべきなのは，ミルは自分の証明を行うにあたって，いかなる前提を必要としたのか，ということである。言い換えれば「比例賃金が同じままで利潤率が増加することを証明するためにはどうしたらよいか」というミルの問題設定に解答が与えられるためには，ミルはいかなる前提を必要としたのか，ということである。あるいは，ミ

第4章　ジョン・スチュアート・ミルにおける剰余価値率と利潤率

ルの問題設定のなかには，いかなる根本的な誤りが含まれているのか，ということである。

　ミルは自らの問題を解決するために，ある独特の前提を設定する。マルクスはこれについて次のように指摘している。

　　だが，ここでわれわれは独特な妄想 die eigentliche Delusion を発見する。すべてのばかげたことは，この妄想をめぐって騒ぎまわっているのである。ミルが最初にばかなまねをやって笑いものになっているのは，次のように想定することによってであった。すなわち，120クオーターが60労働日の生産物で，その生産物が60人の労働者と資本家とのあいだで等分される場合に，不変資本を表わす60クオーターは40労働日の生産物でありうるであろう，という想定がそれである。[24]

　マルクスはこの60クオーターの分解比率については，ここではそれほど問題視していない。[25]ここで問題視しているのは，不変資本部分が利潤と労賃として分解されるという仮定そのものである。これは明らかにアダム・スミスのドグマそのものである。まさしくこの理論的操作によって，ミルは第Ⅰのケースから不変資本部分を利潤と労賃に分解することができた。そして計算間違いはともかく，「比例賃金」が同じままでの「利潤率」の上昇を「証明」することができたのである。

5　ミルによる利潤率の剰余価値率への還元

　それではミルに不変資本を，利潤と労賃へ分解させることによってもたらされた結果はなんだろうか。それは端的に言って利潤率の剰余価値率への混同である。これについてマルクスは次のように述べている。

　　ミルは剰余価値を利潤とは区別していない。したがって彼は，利潤率（これはすでに利潤に転化されている剰余価値については正当である）を，

113

生産物の価格がその生産手段（労働も含めて）の価格にたいしてもつ割合である，と説明している。（92，93ページを見よ）(26) そして同時に彼は，利潤率の法則を直接リカードウの法則から，すなわち『利潤は，賃金によって定まり，賃金が下がる場合には上がり，賃金が上がる場合には下がる』という法則から，導き出そうとしているが，その場合，リカードウは剰余価値と利潤とをごっちゃにしているのである(27)。

つまりミルのテキストのなかには，リカードウ流の剰余価値率の規定（「利潤」（剰余価値）と労賃との逆比例関係）と，利潤率の正しい定式がひとまず並存しているわけである。しかし，その本来の意味での利潤率を剰余価値率に還元しようとしているのである。このように正しい利潤率の規定を，事実上の剰余価値率の規定に還元することの背景には，ミルが「剰余価値を利潤とは区別していない」という事実が潜んでいるのである。これがミルにおける利潤率の剰余価値率への混同という意味である。
　またマルクスは次のようにも言う。

　　ミル氏が自分で明らかにしているのは，最終資本家の剰余〔の〕率または一般に利潤率は，ただ賃金と利潤との直接的な関係によって定まる，ということであり，言い換えれば，利潤率は，賃金に投下された資本部分にたいする利潤の割合によってのみ規定されてはいないし，したがって生産費すなわち賃金の価値によってのみ規定されてはいない，ということであるが，彼は，このことを明らかにしたのちに続けて次のように言っている。『とはいえ依然として真実なことは，利潤率が賃金の生産費に逆比例して変動するということである。』これはまちがいであるにしても真実である(28)。

上記引用文でマルクスが「まちがいである」と指摘しているのは，剰余価値率と利潤率が同一視されているという点である。「真実」であるとい

第4章　ジョン・スチュアート・ミルにおける剰余価値率と利潤率

うのは，次のような意味からである。不変資本を分解して利潤率を事実上，剰余価値率に還元したとみなせば，「利潤率」と賃金は確かに相関しているということである。しかしいずれにせよ，利潤率の剰余価値率への還元は生じている。このような利潤率と剰余価値率との混同が生じたのは，不変資本を利潤と労賃に分解した結果であるとマルクスは述べているのである。

III　ミルによる問題設定の誤りと，それによってもたらされた内容の誤り

　上記ですでに見たように，ミルの論証の行き詰まりは，すべて最初の問いの誤りから発しているものである。ミルの最初の問題設定は，比例賃金の減少によって「利潤」（剰余価値）が増加するという，リカードウ流の剰余価値率の法則の説明であった。しかしこの問題設定には無理があった。そのためマルクスはミルのテキストに内在する矛盾，すなわち計算の間違いを指摘した。そして，剰余価値率が減少し，労働生産性が減少し，労賃も増加しているのに利潤率が増加しているのは何故か，と問題を変更した。

　問題がかくまで変更されれば，解決は簡単である。剰余価値率は100パーセント（I）から80パーセント（II）に減少している。労働生産性は9/18日から10/18日へと後退している。しかし利潤量は第Iの場合の60クオーターから第IIの場合の80クオーターへと増大している。これは何故だろうか。それは不変資本を分解して賃金とともに利潤をも増やしたからである。

　言い換えれば，ミルによる不変資本の分解という操作によって，剰余価値量はなるほど増加したのである。したがってミルは「利潤」量の増大を宣言することができた。しかし剰余価値率は低下した。このために一労働日において生産される穀物の量は減少したのである。

　第IIの場合の「利潤率」とは，事実上，剰余価値率のことである。なぜ，

115

そういえるのか？それは，ミルが不変資本を賃金と利潤に分解するという，あり得ない理論的操作を行なったからである。利潤率の定式から不変資本を取り除けば，剰余価値率が残るだけである。しかしミルにあっては，剰余価値と利潤の区別は存在しないから，主観的には利潤率と利潤率とを比較しているつもりになっているのである。

すなわちミルは，第Ⅰの場合の利潤率50パーセントよりも，第Ⅱの場合の剰余価値率80パーセントの方が高いということで，「試論」は成功したと思い込んでいるのである。しかし，利潤率と実際上の剰余価値率は比較することはできない。したがって実際には，ミルの意図は失敗しているのである。しかし彼がその失敗に気づかないのは，利潤率と剰余価値率とを混同しているせいである。すなわち，剰余価値率を利潤率と同種のものとして考えているからである。

問題設定が正されたがゆえに，その問題設定には根本的な誤りが内在していることがマルクスの手によって判明した。まず，ⅠのケースからⅡのケースへと移行するためには不変資本が労賃と利潤に分解されなければならない。この分解自体が「ばかげた妄想」である。そしてその分解によって，利潤率は事実上の剰余価値率へと還元された。それがⅡのケースへの移行であった。

つまり，問題設定がマルクスによって正されて[29]，結局，その問題設定が不変資本を分解するという「妄想」をはらんでいることが判明したのである。またそのことによって「利潤率」を「剰余価値率」に還元するという誤謬が判明したのである。いうまでもなく「剰余価値」を「利潤」として表現する方法は，ある程度まで合法則的な認識に到達するが，利潤率を剰余価値率に還元するのはまったく科学的ではないのである。

第4章　ジョン・スチュアート・ミルにおける剰余価値率と利潤率

小　括

　アダム・スミスやリカードウに代表されるとおり,「利潤」という概念を「剰余価値」として用いる場合には，科学的認識にある程度まで到達する。それは，これまでの章において考察してきたように，相対的剰余価値の運動法則を明らかにすることはできるが，他面，絶対的剰余価値を発見することができなかったということに現れている。しかし,「利潤率」を「剰余価値率」に還元することには科学性のかけらもない。ミルは，不変資本を利潤と労賃に分解することによって利潤率を剰余価値に転化させ，そのことによって「相対的労賃」は同じでありながら「利潤率」(剰余価値率）は増大していると説いたのである。しかし，この証明が成功するためにはその前提そのものが崩壊しなくてはならなかった。つまり，相対的労賃はどうしても上昇してしまうのである。彼は明らかに問いを間違えたのであった。つまり証明すべき課題を間違えたのである。そしてこの間違いが生じるためには，利潤率の剰余価値への還元という手続きが必要であった。そして，それは有名なスミスのドグマを介して行われたのであった。

(1) MEGA II /3.5,S.1630. なお訳文は,『マルクス資本論草稿集⑧』(資本論草稿集翻訳委員会訳，大月書店）を用いた。以下同じ。
(2)「彼（リカードウ）が剰余価値率の諸法則を正しく説いているところでも，彼は，それを直接に利潤の諸法則として言い表すことによってそれをゆがめている。」
　　(Karl Marx/Friedrich Engels: Gesamtausgabe（MEGA), Hrsg.vom der Institute fuer Marxismus-Leninismus beim ZK der KPdSU und vom Institute fuer Marxismus-Leninismus beim ZK der SED, Abt.2, Band3, Teil3, Diez Verlag, Berlin, 1978, S.1002, 以下MEGA II /3. 3, S.1002と略記する。）なお，J. S. ミルにかんするこの「余論」に該当する訳文は,『マルクス資本論草稿集⑥』(資本論草稿集翻訳委員会訳，大月書店）を用いた。以下同じ。
(3) MEGA II /3. 2, S.503. 実際にこの「余論」は，S.465から503まで続いている。なお訳文は,『マルクス資本論草稿集⑤』(資本論草稿集翻訳委員会訳，大月書

店）を用いた。
（4）先に述べたように，リカードウは事実上，剰余価値を考察している場合でも，それを「利潤」と表現している。したがってその場合，我々は「利潤」（剰余価値）と表記する。ミルがリカードウのやり方を踏襲している場合には，そのときに限って同じ表記方法を用いる。
（5）MEGA II/10, S.464. なおミルに関するこの言及が登場するのは，フランス語版『資本論』（1872-75年）からである。なお訳文は，『フランス語版資本論』（江夏美千穂・上杉聰彦訳，法政大学出版局）を用いた。
（6）MEGA II/10, S.464.
（7）J. S. Mill, *Principles of Political Economy with Some of Their Applications to social philosophy*, ed by F. E. L. PRIESTREY, J. M. ROBSON, p.412. ミル『経済学原理』（末永茂喜訳，岩波書店，第二分冊，412ページ）
（8）マルクスは「剰余価値に関する諸学説ノートⅦ」において〔年々の利潤と賃金とが，利潤と賃金とのほかに不変資本をも含む年々の商品を買うということは，どうして可能なのか〕についての研究を行っている。そこでは「不変資本を補填する源泉たる労働はどこから来るのか」（MEGA II/3.2, S.401）と問い，結局，不変資本は利潤と賃金に分解し尽され得ないと結論している。この結論がミルによる不変資本の「価値の分解」への批判の下敷きになっていると想定することは可能である。
（9）J. S. Mill, *op.cit.*, p.413.
（10）*Essays on some unsettled questions of political economy*. By John Stuart Mill―London: John W. Parker, West Strand-1844. 『経済学の未解決の諸問題に関する試論』（末永茂喜訳，岩波書店）。
（11）J. S. Mill, *ibid.*, p.98-99. 前掲『試論』129ページ。なお訳は岩波文庫版に依拠した。訳文は現代語に近づけるため，意味を損なわないかぎりで，適宜，修正した。なお岩波文庫版では129ページ。
（12）J. S. Mill, *ibid.*, p.99-100. 岩波文庫版130-131ページ。
（13）マルクスはこの不変資本の価値分割という仮定の空想性をひとまずおいて，この計算方法を次のように批判する。つまり1クオーターが1/2労働日で生産されるのだから，剰余価値率は100パーセントである。したがって，60クオーターの穀物と同じ価値の不変資本もまた30クオーターの利潤と30クオーターの賃金に分解されなければならないというのである。「60クオーターの不変資本もただ30人の労働の生産物にすぎなかったのである。この60クオーターが全部利潤と賃金に分解するとしたならば，賃金は30クオーターで利潤も30クオーターになるであろう」（MEGA II/3.2, S.473）。
（14）*Essays on some unsettled questions of political economy*. By John Stuart Mill―London: John W. Parker, West Strand-1844, p.100. 岩波文庫版では131ペ

第 4 章　ジョン・スチュアート・ミルにおける剰余価値率と利潤率

ージ。
- (15) J. S. Mill, *ibid.*, p.100-101. 岩波文庫版131-132ページ。なおミルは「比例賃金」を次のように規定している。「利潤が依存するといわれる賃金は疑いもなく比例賃金，換言すれば一人の労働者の賃金と（国の総生産物ではなくて）一人の労働者が生産しうるものの分量，国の産業の総生産物のうち一人の労働者の労働に相応すると考えられる部分の分量との間の比率である。このように解釈した比例賃金は，簡単に賃金の生産費，あるいはなお一層簡単に賃金の費用《中略》と名づけることができよう。」見られるように，ミルは比例賃金を，現代経営学におけるような，付加価値にたいする賃金の割合のように捉えている。あくまで絶対額の賃金ではなく相対的な賃金の概念である。
- (16) 実はこれはミルの計算間違いである。このことはマルクスが指摘することになる。
- (17) J. S. Mill, *ibid.*, p.101. 岩波文庫版132ページ。
- (18) J. S. Mill, *ibid.*, p.134. 岩波文庫版102-103ページ。
- (19) J. S. Mill, *ibid.*, p.132. 岩波文庫版100-101ページ。
- (20) ミルが穀物賃金と比例賃金とを混同したことについて，深貝保則は次のように述べている。「ミルは，『賃金の生産費』の意味を当初の『穀物の生産費』へおきかえることで，『利潤率は賃金の生産費とは逆行して変動する』という命題を"証明"しているのである。ミルのこのようなおきかえをすることではじめて，リカードの利潤率変動命題をミル流に維持し得ている」（深貝保則「J. S. ミルの利潤論について」，東京大学『経済学研究』第24号13ページ）。つまりミルはいったん「比例賃金」と称したものを，実質的には穀物賃金として取り扱っている。そのために，穀物の生産性の計算上の食い違いを無視することができたというのである。
- (21) MEGA II/3. 2, S.477.
- (22) MEGA II/3. 2, S.479.
- (23) 第Ⅰのケースでは120クオーターのなかから60クオーターが賃金として支払われ，「比例賃金」は9/18労働日である。しかるに第Ⅱのケースでは，労働日のうち10/18が労働者に帰している。
- (24) MEGA II/3. 2, S.480. なおマルクスは『資本論』第2巻で，アダム・スミスのドグマがミルにも継承されていることに触れている。「ジョン・スチュアート・ミルも，例のごとくもったいぶりながら，A・スミスからその後継者たちに伝えられた学説を再生産している」（Karl Marx-Friedrich Engels Werke Band 24, Dietz Verlag, Berlin, 1963, S.390）。
- (25) 「この60クオーターは，どんな割合で《中略》資本家と労働者とがそれをお互いに分け合うにしても，ただ30日の生産物でしかありえないであろう。だが，このことは大目に見ることにしよう。」MEGA II/3. 2, S.480.

(26) 末永訳『試論』では121-123ページに該当する。
(27) MEGA II /3. 2, S.466.
(28) MEGA II /3. 2, S.469-470.
(29) マルクスはこの「余論」で，ミルの問題設定をひとまず整理し，その上で根本的な誤謬を摘出しているわけである。「最もまずいことは，彼（ミル）が本来どんな問題を解決しようとしているのかが明瞭でないことである。彼が問題そのものを正しく定式化していたとすれば，彼は，それをこのようなやり方でまちがって解くということはあえりえなかったであろう」(MEGA II /3. 2, S.467)。「このようなやり方」とは「利潤率」を「剰余価値率」を規定する法則によって」「直接規定されている」とすることである（ebenda, S.467)。

第5章　リカードウ価値論における一般的利潤率

I　問題の所在

　第4章でも示したことであるが，マルクスはいわゆる『剰余価値学説史』のなかで，古典派経済学が利潤と剰余価値とを混同していたことについてふれている。それは次のごとくである。

　　最初からわかっていることは，経験的な利潤と剰余価値との混同によってどのような〔混乱が生ずる〕かということである。——利潤はまったく転化した形態で剰余価値を表わすのであり（それに対応する，諸商品の標準的価格とそれらの価値との相違そのものの混同によって〔生ずる混乱〕もまったく同じである）——，このような混同は，程度の大小はあれ，従来のすべての経済学に共通している。（ただ相違があるのは，リカードウやスミスなどのような深遠な経済学者たちは，利潤を直接に剰余価値に還元しようとしており，換言すれば，剰余価値の抽象的な諸法則を直接に経験的な利潤によって示そうとしていることである。なぜならば，もしそうでないと，およそどんな合法則的認識もなくなってしまうからである。）[1]

　アダム・スミスやリカードウといった経済学者は「利潤を直接に剰余価値に還元しようとしており，剰余価値の抽象的な諸法則を直接に経験的な利潤によって示そうとしている」とのことである。そうであれば，スミスやリカードウが利潤を取り扱っているさいには，時として実質的に剰余価値の意味で使用している場合があると解釈して差支えがないであろう。そ

して，そうした場合，我々はそこで使用されている「利潤」なる用語を「利潤」（剰余価値）と表記するのである。我々がこれまで研究してきたことは，リカードウの「利潤」を剰余価値と読み替え，剰余価値の存在根拠への彼の姿勢，剰余価値把握の一面性等を浮き彫りにすることであった。

ところで我々が次に考察するのは，実質的に剰余価値の意味で用いられている「利潤」概念ではない。すなわち賃金との関連においてのみ考察されている「利潤」ではない。リカードウが固定資本の関連も考慮している「利潤」概念を検討してみようと思う。すなわち一般的利潤率である。一般的利潤率とは，異なる生産諸部面で共通に成立する平均利潤率のことである。この一般的利潤を議論の俎上に載せるのは次の理由からである。

第一に，「利潤」が実質的に剰余価値の意味を帯びてくるのは『経済学および課税の原理』[(2)]でいえば，主として第6章の利潤論からである。すなわち労働によって形成された価値より分解される一要素として「利潤」なる用語が本格的に用いられるのは「第6章　利潤について」からである。ところが第1章の価値論では，「利潤」が剰余価値の意味を帯びず一般的利潤そのものとして登場する[(3)]。剰余価値や資本の部門間移動という中間項を経ずに一般的利潤が登場するのである。そして我々は，このことによってリカードウがどのような論理的破綻をきたすことになったのかを明らかにしようと思う。

しかしヨリ重要な理由な次の通りである。それは我々の，マルクス読解に際しての方法論にかかわるものである。リカードウが一般的利潤率という前提にこだわったことでリカードウ自身は何を見失い，新たにどのような問いに向かったのか。マルクスはそれをどのように観察しているか。そのことを観察してみたいのである。

我々は，これまでマルクスとリカードウの違いを見極めるにさいして，両者のあいだに問いの在不在が横たわっているということを確認してきた。一例を挙げれば，マルクスに絶対的剰余価値論があってリカードウにそれがないのは，後者に「利潤」（剰余価値）の存在根拠はなにか，という問

第5章　リカードウ価値論における一般的利潤率

いが無かったためである。もしその問いがあったとすれば、リカードウは、それが強制的な性格を帯びた剰余労働であると看取しえたであろうし、ひいては剰余労働への資本家の渇望も見抜いたであろうし、労働日の延長による絶対的剰余価値の生産も認識しえたであろう。リカードウが相対的剰余価値の生産の発見のみにとどまった理由が問いの不在にあったことは明白である。

だが、リカードウとマルクスの差異の研究にさいして、もうひとつの一種類の事例が存在するのである。それは、なるほどリカードウは問いを持たなかったが、その本来的な問いを発する前に似て非なる問いに逃避してしまったというケースである。我々は、リカードウが価値の生産価格への転化という問題を、いかに他の問題へすりかえて行ったかを観察してみたいと思うのである。リカードウは一般的利潤率のことを叙述で触れてはいても、それがいかにして生じるかという問いを提起することはなかった。したがって、彼にあっては一般的利潤率の成立にまつわる代替的な問いが必要となるのである。その代替的な問いとは何であったか。その点につきマルクスはどのようにリカードウを読解したか。この観点から、我々はマルクスによるリカードウ読解の痕跡をたどってみたいのである。

そこで我々は本来の問題の所在に論及するまえに、マルクスによって示されたリカードウ経済学の方法の特徴について確認しておくことにしよう。

ところでリカードウの方法の本質は、次の点にある。すなわち、彼は、商品の価値の大きさは労働時間によって規定されるということから出発し、次いで、その他の経済学的な諸関係がこの価値の規定に矛盾するかどうか、あるいは、それらがこの価値の規定をどの程度修正するか、を研究する。経済学の歴史におけるこのようなやり方の歴史的な正当性——その科学的な必然性、だが同時にまた、それの科学的な不十分性も、一見しただけで明らかである。この不十分性は、単に叙述の仕方（形式の

うえに）現われるだけでなく，まちがった結論に導くものでもある。というのは，それは必要な諸中間項を飛び越えて直接的な仕方で経済学的諸範疇相互間の整合を証明しようとするのだからである。[(4)]

　上記に見られるとおり，リカードウの方法には長所と短所があり，それらは表裏一体をなしている。長所とは，労働による価値規定をもってあらゆる経済学的諸現象を演繹的に説明しようとすることである。つまり，資本主義的生産様式にとって本質的な労働時間による価値規定と，同じく資本主義の表面の諸現象とを直接相対させ，論理的な整合を図ろうというのである。しかしこの方法の問題点も明らかである。というのは，資本主義の根底に位置するその法則によって，表面的な諸現象を直接的に説明することは不可能だからである。それは本質の法則からいくつかの中間項を経て説明されなくてはならない。この中間項を経ることなしには，諸現象を説明することができないし，また説明しようとすれば矛盾をきたすことになるだろう。したがってリカードウの，労働による価値規定の徹底は，それが演繹的な意味で一貫したものであればあるほど，矛盾や例外をもたらすものとなるのである。いわば，リカードウの方法の長所と短所とは表裏一体の関係にあるのである。

　たとえば一般的利潤率の成立を例にとりあげてみよう。一般的利潤率を説明するためには，労働による価値規定の法則を形式的に一貫させることのみでは不可能である。まず剰余価値を説明し，その剰余価値率が利潤率に転化することを説明し，さらに利潤率の均等化といった中間項を経なければ，一般的利潤と生産価格の成立を説明することはできない。リカードウは一般的利潤率を叙述に登場させているのであるが，それは必要な中間項を経ることなく行われている。そしてさらに言うならば，一般的利潤率がいったん前提されたならば，彼はその水準を維持ために，論理の歪曲を行なわなければならない。このことは後に詳述することになるだろう。

第 5 章　リカードウ価値論における一般的利潤率

Ⅱ　リカードウにおける本来的な問題設定の回避と
　　二次的問題の設定

　ここではリカードウ『経済学および課税の原理』の第1章「価値について」において仮定した一般的利潤率について検討を行ってみることにする。ところで「価値について」まず論ずるのであれば，そこで一般的利潤率の概念が登場するのは唐突ではないだろうか。このことについて，マルクスは次のように述べている。

　　リカードウが研究を進めるやり方は，こうである。すなわち，彼は，別々に投下される同じ大きさの資本について，または同じ大きさの資本が充用される別々の生産部面について，一つの一般的利潤率または同じ大きさの平均利潤を想定する―または同じことであるが，別々の生産部面の充用資本の大きさに比例した利潤を想定する。このような一般的利潤を前提するのではなく，リカードウはむしろ，この一般的利潤率の存在がそもそも労働時間による価値の規定にどこまで一致するか，を研究しなければならなかったはずである。そうすれば，彼は，ちょっと見ただけでも一般的利潤率がこの価値規定に一致するどころか，矛盾するということ，したがって，一般的利潤率の存在は，多くの中間項を通して，すなわち価値法則のもとにそれを簡単に包摂するのとは非常に違った展開を通して，はじめて説明することができることを見いだしたであろう[5]。

　見られるように，リカードウは「多くの中間項」を語ることなしに一般的利潤率を唐突に登場させているとのことである。
　ところでなぜリカードウは一般的利潤率を登場させるさいに，必要な手続きを踏まなかったのであろうか。否，踏むことができなかったのであろうか。それは資本の有機的構成に関する彼の理解に起因している。リカードウの場

合，不変資本と可変資本といった価値形成の観点からの資本の区別は存在しない。リカードウが把握しているのは，スミスから継承したところの固定資本と流動資本という，流通過程から生ずる区別のみである[6]。したがってリカードウは剰余価値を意識的に把握することができず，それゆえに必要な中間項の説明を欠いたまま，一般的利潤率を登場させるほかなかったのである。

　我々はまずリカードウが実際に問題にしようとしたことと，そして，本来的に問題にすべきだったことを簡単に見ておこうと思う。一言でいえば，彼が問題にしようとしたことは，次のようなことである。固定資本と流動資本とが違った比率で生産に入った場合，商品の「相対価値」に対して，労賃の騰落はどのような影響をおよぼすか，ということである。「ひとたびこの前提（一般的利潤率の前提）をしておいて─リカードウはさらに，固定資本と流動資本とが違った比率で〔諸商品の生産に〕入ってゆく場合に，労賃の騰落が「相対的価値」にどのように作用するか？を問題にする。というよりはむしろ，彼は問題をこのように取り扱うのだと思い込んでいる。実際には，彼はそれをまったく違ったように取り扱っている[7]」（〔　〕内はメガ編集部による内容補充。マル括弧内は筆者による）。

　この問題提起は明らかにつぎのようなものとは違っている。すなわち異なる生産分野に属する同一額の資本があり，それぞれお互いに有機的構成の比率が違っている。剰余価値率は同一である。したがって産み出される剰余価値量は相違し，それゆえ部門ごとの利潤率も違っている。これら違った利潤率がいかに平均化されるか，というものである。むろんこれが正しい問題定式なのである。しかし，リカードウは資本の区別としては流動資本と固定資本の区別しか知らず可変資本と不変資本の区別は知らない。それゆえ有機的構成の概念も意識的には把握していない。それゆえ，最初から一般的利潤率を前提せざるを得ないのである。したがって，もしもリカードウが利潤率の均等化を説明しようとするならば，すでに前提されている一般的利潤率を撹乱させる何らかの要因（労賃の騰落）が生じたと仮定したうえで，それが「相対的価値」にいかに影響をおよぼすか，という

第5章　リカードウ価値論における一般的利潤率

形で問題を設定することになるのである。

　以上のことから次のような結論が引き出せるだろう。リカードウは剰余価値率から利潤率，利潤率の均等化という，一般的利潤率の成立への中間項を経ることはなかった。その代わりに彼が選んだ途は，いったん前提された一般的利潤率にあって労賃の騰落が生じた場合，利潤率はいかにして修正されるか，というものであった。マルクスは次のように述べている。

　　彼が実際に研究していることは次のことである。すなわち，諸商品の価値と区別された費用価格を前提すれば—そしてこの区別は一般的利潤率を仮定したことによって前提されている—この費用価格（これがこんどは表現を変えて「相対的価値」と呼ばれるものである）そのものが，どのように再び相互に修正されあうか，どのように労賃の騰落によりまた資本の有機的諸成分の割合が違う場合に，それに比例して修正されるか？ということである。[8]

　リカードウにあっては「相対的価値」[9]という概念は，二義的に用いられている。第一にそれは，労賃の騰落が生じる以前に商品が有する「価値」[10]である。第二に，それは労賃の騰落が生じた後に，ふたたび一般的利潤率が回復された後に成立した，商品の「価値」である。第一義の「相対的価値」から第二義の「相対的価値」への移行こそ，「一般的利潤率の成立」の問題設定の代わりにリカードウが設定したものなのである。

　したがって，マルクスがリカードウに要求している問題設定は，労働時間による価値規定が，いかなる中間項を経て一般的利潤率にたどり着くか，ということになる。これが本来的な問題設定である。しかしリカードウは，その本来的な問題設定を迂回して副次的な問題設定に逃げ込んでしまう。具体的にいえば，ヨリ大きな可変資本とヨリ小さな不変資本とを使用する一群の人々と，反対にヨリ小さな可変資本とヨリ大きな不変資本とを使用する他方の人々とが，同じ利潤率を得るということがどうしてなの

か，ということを研究すべきだったのである。しかし彼の問題設定は，こうであった。つまり，何故利潤率が均等化されるのか，という本来的な問題設定を回避して，そして一般的利潤率をあたかも公理のように前提されたものとして取り扱い，そのうえで労賃の騰落が生じて一般的利潤率が撹乱された場合，相対価値にどのような変動が起きるのか，という二次的かつ副次的な問題である。これについてマルクスは次のように述べている。

　だからリカードウは，100ポンドのうち80ポンドを労賃に投下する一方の人が，100ポンドのうち20ポンドしか労賃に投下しない他方の人の4倍の利潤を得るということがないように，どんな変化が生じなければならないか，という重要な現象を研究するのではなく，そのかわりに次のような副次的な問題を研究するのである。すなわち，この大きな差額が平均化されたのちに―つまり利潤率が与えられている場合に，たとえば賃金の上昇によるこの利潤率の変動はすべて，100ポンドで多数の労働者を使用する人にたいして，100ポンドで少数の労働者を使用する人にたいしてよりも，はるかに大きな変動を与えるであろうということが，どうして起こるのか，したがってまた―利潤率が等しい場合に―この利潤率または費用価格がずっと等しいままであるためには―一方の人の商品価格が上がり，他方の人の商品価格が下がらなければならない，ということが，どうして起こるのか，という副次的な問題である[11]。

そこで我々は，リカードウが上記の「副次的な問題」をいかにして処理しているかを，マルクスにならって検討してみることにしよう。

Ⅲ　リカードウは本来的な問題をいかに回避したか

マルクスは，リカードウが利潤率の均等化という本来的な問題を回避して，副次的な問題に逃げ込んだということを，三つの例証を指摘して説明

している。我々は，このうち「第一の例証」を分析してリカードウの誤りを摘出してみたいと思う。そして，リカードウがいかに本来の問題から逸れ，副次的な問題へと逃げ込んだかということを追ってみたいと思う。この作業によって，我々は，マルクスが，リカードウと自分との差異を問いの違いに帰せしめているということが判明するだろう。

すでに本書で何度も述べたごとく，マルクスと他の政治経済学者との違いは，同じ問いに対する答えの違いに因るのではなく，問いそのものの違いに起因するのである。そしてマルクス自身もまた，他の政治経済学者との違いをはっきりとその点に求めている。したがって，リカードウが本来的な問題を回避して，副次的な問題にのみ専心したということ，そして利潤率の均等化という中間項を，おのれ自身に対して封印してしまったという事実は，我々がマルクスを読む観点からしてきわめて興味深いのである。

まずはリカードウによる「第一の例証」と呼ばれる部分を検討してみよう。これは『原理』第1章第4節「諸商品の生産に投下される労働量がその相対価値を左右するという原理は，機械およびその他の固定的かつ耐久的資本の使用によって相当に修正される」の内容に含まれている。

1　リカードウの「第一の例証」

リカードウは最初に，労働時間による価値規定を確認する。

　もしも人々が生産にまったく機械を使用しないで労働のみを使用し，そして彼らがその商品を市場にもたらすまでに同じ時間を経るものとすれば，彼らの財貨の交換価値は，使用された労働量に正確に比例するであろう。
　もしも彼らが同一の価値と同一の耐久性をもつ固定資本を使用するならば，この場合にもまた，生産される諸商品の価値は同一であり，そしてこれらの商品は，その生産に使用される労働量の多少におうじて変動するであろう。[12]

以上が労働による価値規定の確認である。前半部分は生きた労働同士の交換であり，後半部分は，死んだ労働を含めての労働同士の交換の法則を確認している。ところがリカードウは次の文言から，一般的利潤率を前提しはじめ，さらに労賃の騰貴といった条件を追加し始めるのである。

　しかし，たとえ同様の事情のもとで生産される諸商品は，その一方または他方を生産するのに必要な労働量の増減以外のいかなる原因によっても，相互の関係について変動することはないであろうとはいえ，しかも，これらと同一の割合の固定資本量をもって生産されない他の諸商品と比較するならば，たとえいずれかの商品の生産に使用される労働にも増減はないとしても，私が先に言及したもう一つの原因，すなわち，労働による価値の騰貴によってもまた変動するであろう。大麦と燕麦は，賃金のどのような変動のもとでも，相互には同じ関係を保ち続けるであろう。もしも綿製品と服地がやはり相互に同じ事情のもとで生産されるならば，これらの商品も同じ関係を保ち続けるであろう。しかもなお，賃金の上昇とともに，大麦は綿製品と比較して，また燕麦は服地と比較して，価値が増減するであろう[13]。

　リカードウは上記で「固定資本」という語を「不変資本」の意味で用いている。そしてむろん，流動資本は可変資本のことを指すことになる。大麦と燕麦は同じ農業生産物として同一の有機的構成の条件のもとで生産されるであろう。また綿製品と服地もまた，同じ工業生産物として同一の有機的構成の条件のもとで生産されるであろう。したがって，同一の有機的構成のもとで生産されているならば，労賃の騰落は，それらの商品の交換割合に影響を与えない。しかし農業生産物と工業生産物という，違った諸条件のもとで生産される諸商品については，労賃の騰落がおよぼす影響は，それぞれの商品に対して違うであろう。このように前置きをしてから，リカードウは相対価値の変動を惹起する諸条件の考察に向かう。

第5章 リカードウ価値論における一般的利潤率

　二人の人がおのおの100人を一年間二台の機械の建造に雇用し，そして他の一人が同数の人を穀物の耕作に雇用すると仮定すれば，おのおのの機械はその年の終わりに同一の価値をもつであろう。というのは，これらはおのおの同一量の労働によって生産されるからである。これらの機械の一方を所有する人は，翌年は，100人の援助を得て，服地の製造にこれを使用し，他方の機械を所有する人もまた，同様に100人の援助をえて，綿製品の製造にこれを使用するが，それにたいして農業者はひきつづいて穀物の耕作に前年と同じく100人を雇用するものと仮定しよう。第二年度中に，彼らはすべて同一量の労働を雇用したわけであるが，しかし，服地製造業者ならびにまた綿製品製造業者のもつ財貨と機械とを合計したものは，一年間雇用された200人の労働の結果である。というよりは，むしろ，二年間にわたる100人の労働の結果であろう。ところが，穀物は一年間の100人の労働によって生産される。その結果として，もしも穀物が500ポンドの価値をもつものとすれば，服地製造業者の機械と服地を合計したものは，1000ポンドの価値をもつべきはずのものであり，綿製品製造業者の機械と綿製品もまた，穀物の価値の二倍をもつべきはずである。しかし，これらのものは，穀物の価値の二倍以上をもつであろう，というのは，服地製造業者と綿製品製造業者の資本にたいする第一年目の利潤が，彼らの資本に追加されてきているのに，農業者のそれは，支出され享楽されてきているからである。そうしてみると，彼らの資本の耐久性の程度が異なっているために，あるいは，同じことであるが，一組の商品が市場にもたらされうるまでに経過しなければならない時間の〔相違の〕ために，それらの商品の価値は，それに投下された労働量には正確には比例しないであろう。―それらは一にたいする二とはならないで，もっとも価値のあるものが市場にもたらされるまでに経過しなければならない，より長い時間を償うために，いくらかそれ以上となるであろう。(14)

服地製造業者と綿製品製造業者とは，一年目に100人の労働をもって機械を製造し，その機械を2年目に持ち越して，再び100人の労働者の助力を得て服地と綿製品を製造する。これに対して，農業資本家は1年目に機械を使わずに100人を使用して穀物を作り，二年目にふたたび，機械を使わずに100人を使用して穀物を生産する。どの資本家も2年間にわたって使用した労働者はのべ200人である。しかし，2年目に作られた服地または綿製品の価値は，二年目の穀物の価値の2倍以上であるというのである。その理由は，リカードウによれば次のようなものである。一年目に生産された機械は，穀物と同じく利潤が付加された価値をもつことになる。言い換えれば，未実現の利潤を含んだ機械を保持していることになる。ところが，二年目は，服地製造業者のところでも，あるいは綿製品製造業者のところにも，その機械は温存されている。そのため，二年目の商品の販売価格は，投下資本に，一年目の未実現の利潤と二年目の利潤を合わせたものになるというのである。そしてその理由は「もっとも価値のあるものが市場にもたらされうるまでに経過しなければならない，より長い時間を償うため」だというのである。
　リカードウはこの点について例証をもう一つ挙げて具体的に説明している。それは次のごとくである。

　各労働者の労働にたいして一年につき50ポンドが支払われ，すなわち5000ポンドの資本が使用され，そして利潤は10パーセントであると仮定すれば，穀物の価値も各機械の価値も，第一年度の終りには，5500ポンドであろう。第二年目に，製造業者と農業者とはふたたび労働維持のためにおのおの5000ポンドを使用し，それゆえにふたたび彼らの財貨を5500ポンドで売るであろう，しかし機械を使用する人々は，農業者と対等であるためには，たんに労働に使用された5000ポンドという相等しい資本にたいして，5500ポンドを取得するばかりでなく，彼らが機械に投資した5500ポンドにたいする利潤として，550ポンドの追加額を取得し

第5章　リカードウ価値論における一般的利潤率

なければならず，その結果として，彼らの財貨は6050ポンドで売れなくてはならない。そうだとすれば，資本家たちは彼らの商品の生産に年々正確に同一量の労働を雇用しながら，しかも彼らの生産する財貨が，各人によってそれぞれ使用される固定資本の，すなわち蓄積された労働の分量が異なるために，価値を異にする場合が，ここにあるわけである。服地と綿製品とは，相等しい分量の労働と相等しい固定資本との所産であるから，同一の価値をもっている，しかし穀物は，固定資本にかんするかぎり，異なった事情のもとで生産されるから，これらの商品と同一の価値をもたないのである。(16)

　リカードウが設例において，農業者に対して製造業者を2人（綿製品製造業者と服地製造業者）用意しているが，ここでは2人の製造業者を一括して，単なる「製造業者」（ケース1）と呼ぼう。上記の例に従って解釈すれば，綿製品製造業者と服地製造業者とは，ともに自分の製品を6050ポンドで売り，利潤率として10パーセントを得ることになっている。すなわち彼らはともに一年目に機械を製造して未実現の利潤を得，さらに第二年度に，その機械と100人の労働者を使用して製品を作るのである。下記の表1の計算例を見られたい。

　製造業者（ケース1）は実際にリカードウが叙述のうえで計算したものを，表を使って計算したものである。これに対して製造業者（ケース2）は，マルクスがリカードウの計算を正したうえで行った計算例である。上記の表に見られるように製造業者（ケース1）では，確かに第二年度の

表1

	第一年度の投下資本	第一年度の利潤	第二年度の投下資本	第二年度の利潤	第二年度の販売価格	第二年度の利潤率
製造業者（ケース1）	5000	500	5500	550	6050	10%
		5000×10%	5000+500	5500×10%	5500+550	550÷5500
製造業者（ケース2）	5000	500	10500	500	11000	4.76%
		5000×10%	5000+500+5000	5000×10%	10500+500	500÷10500
農業資本家	5000	500	5000	500	5500	10%
		5000×10%		5000×10%	5000+500	500÷5000

133

商品の販売価格は6050ポンドになっており，利潤率は10パーセントである。だが，これは正しい計算ではない。ほんらい第二年度における投下資本は10500ポンドである。というのは，第一年度に生産された機械の価値（5000ポンド）とその利潤（500ポンド）と，第二年度に支出された流動資本（5000ポンド）および第一年度の未実現の利潤の合計が10500ポンドになるからである。つまりリカードウの計算には，初年度に生産された機械の価値（5000ポンド）が抜け落ちているのである。彼によれば「機械を使用する人々は，農業者と対等であるためには，たんに労働に使用された5000ポンドという相等しい資本にたいして，5500ポンドを取得するばかりでなく，彼らが機械に投資した5500ポンドにたいする利潤として，550ポンドの追加額を取得しなければなら」ないから，というのである。第二年度の投下資本には第一年度の機械の価値は入っていない。

　もし製造業者（ケース2）の投下資本10500ポンドに対して形式的に一般的利潤を要求するとすれば，利潤量は1050ポンドということになるだろう。しかしリカードゥは，10500ポンドに対して利潤を計算していない。なぜなら，リカードウは利潤率を計算するつもりで，実質的に剰余価値率を計算しているからである。その理由は「リカードウやスミスなどのような深遠な経済学者たちは，利潤を直接に剰余価値に還元しようとしており，換言すれば，剰余価値の抽象的な諸法則を直接に経験的な利潤によって示そうとしている」からである。したがって「利潤」（剰余価値）は，10500ポンドに対してではなく，第二年度の流動資本（可変資本）5000ポンドに対して計算されることになるだろう。したがって「利潤」（剰余価値）は500ポンドということになり，利潤率は4.76パーセントであり，一般的利潤率に一致しないことになる。マルクスは次のように述べる。

　　すなわち，（前提によれば機械のどの部分も損耗分として商品のうちにはいって行かないのだから）両者〔綿織物業者と借地農業者〕が同じ利潤を得ることができるのは，利潤と剰余価値が同じである場合だけだとい

第 5 章　リカードウ価値論における一般的利潤率

うことである。綿織物業者は，借地農業者の二倍の資本の二倍の資本を投下するけれども，彼の商品を借地農業者と同じように5500ポンドで売らなければならないであろう。そして，かりに機械の〔価値〕全部が商品のうちにはいって行くとしても，彼は商品を10500ポンドでしか売ることができないであろう。すなわち，彼は，借地農業者10%の利潤を得るのに，5%の利潤も得られないであろう。[17]（〔　〕内はメガ編集部による）

リカードウは綿織物業者が借地農業者と同じく10パーセントの一般的利潤率を得るように論理構築しなければならなかった。なぜならばリカードウの視野には利潤率の均等化という中間項が存在していないからである。もし利潤率が部門ごとに違えば（10パーセントと4.76パーセント），利潤率の均等化という中間項を持ち出せばよい。しかしリカードウはそれを知らない。したがって彼は，綿織物製造業者の費用価格から，機械（第一年度の5500ポンド）のそれを欠落させなければならなかったのである。マルクスは次のように述べる。

　それぞれの商品の費用価格は一方がその価値よりも高く他方がその価値よりも低いけれども，それらの商品の合計はそれらの価値どおりに売られるのであり，利潤の均等化そのものは，それらの商品に含まれている剰余価値の総額によって規定される。ここにこそ，もしリカードウの先の命題が正しく修正されるとすれば，彼の命題における正しい点がある。[18]

しかしリカードウは利潤の均等化には考えが及ばなかった。それゆえに計算が正しく修正されることもなかった。けれどもリカードウには利潤率の均等化へ思考が向かう傾向は見いだされる。[19]したがって，利潤率の均等に似て非なる理屈が出現することになるのであるが，それは後述する。

2 リカードウの例証における「ぎごちなさ」clumsiness[20]

　我々はこの章を締めくくるにあたって，リカードウが例証を行うにあたって自らに課した問題を検討してみることにしよう。そして，その問題がはらんでいる「ぎごちなさ」について論及してみることにしよう。

　リカードウが，綿織物製造業者と服地製造業者と農業資本家の例証を挙げて証明しようとしたことは，次のようなものであった。すなわち「蓄積された労働の，分量が異なるために，価値を異にする場合」，相対価値の変動はいかなるものになるか，ということであった。このことを証明するためにリカードウは〔表1〕で示したような，製造業者と農業資本家との比較を行ったのである。たしかに，本章の第2節第2項で示したごとく，製造業者（ケース1）と農業資本家の販売価格は違っている。それらは二年間にまたがって同じ量の可変資本が投入されたにもかかわらず，一方の販売価格は6050ポンドであり，他方のそれは5500ポンドである。だが，この相違は本当に，蓄積された労働の分量の相違や，「資本の耐久性」や「商品が市場にもたらされるまでに経過しなければならない時間」の相違に起因するものなのであろうか。これを問題にしたいのである。

　結論から言えば，第一に，蓄積された労働の分量の相違については，リカードウは問題にしようとして問題にしていない。というのは，計算の過程で製造業者の機械そのものの価値は抜け落ちているからである。「資本の耐久性」も，当然のことながら問題にされていない。なぜならば製造業者（ケース1）は，2年目の販売価格に初年度の機械の価値5000ポンドを算入していないからである。だから，第1年度に投下している価値は，製造業者（ケース1）にしても農業資本家にしても可変資本だけである。製造業者のほうが550だけ販売価格が上回っているのは，第一年度の機械の利潤，それだけが上乗せされているからである。では第二に，「商品が市場にもたらされるまでに経過しなければならない時間」の相違は問題にされているだろうか。問題にされていない。なぜなら，そもそも第二年度に固定資本である機械の価値は登場していないからである。つまり初年度の

第5章　リカードウ価値論における一般的利潤率

機械の価値が消えうせているので「固定資本の独自な流通の仕方が現われる契機をまさに落としてしまっている」[21]。したがって「商品が市場にもたらされるまでに経過しなければならない期間」は実質的に考慮されていないのである。

　以上から分かるとおり，リカードウは「一般的利潤率という前提を密輸入」[22]して剰余価値や利潤率の均等化という中間項の問題を視界から遠ざけている。そして一般的利潤率を先に前提してしまったために，彼は固定資本の価値を計算に入れることを考慮の外においた。そして，固定資本を考慮しなかったために，蓄積された労働の分量の相違や「資本の耐久性」や「商品が市場にもたらされるまでに経過しなければならない時間の」相違を前提した場合，それらの相対的な「価値」変動はいかなるものになるか，という自己に課した問題にも触れようとして触れずじまいとなった。なぜなら，もし触れてしまったとしたら，諸産業部門間の利潤率の相違があらわとなり，リカードウはその理論的矛盾に苦慮することになるからである。それでは，その代わりにリカードウが実際に解決に着手した問題とは何であったのか，そしてそれはどのように処理されているのかを検討してみよう。

Ⅳ　リカードウが実際に取り組んだ問題

　リカードウが実際に取り組んだ問題とは，利潤率の均等化の問題ではなく，一般的利潤率がいったん成立したという前提のもとで労賃の騰貴が生じた場合，利潤率はどのように変動するか，というものであった。リカードウは次のように述べている。

　　労働の価値が騰貴すれば，かならず利潤は低下する。もしも穀物が農業者と労働者とのあいだで分割されるとするならば，後者に与えられる

割合が大であればあるほど，前者にはより小さな割合しか残らないであろう。そのように，もしも服地または綿製品が労働者と彼の雇主とのあいだで分割されるとするならば，前者に与えられる割合が大であればあるほど，後者にはより小さな割合しか残らない。そこで，賃金の上昇によって，利潤が10パーセントから9パーセントに低下すると仮定すれば，製造業者は，彼らの財貨の共通価格（5500ポンド）に，固定資本にたいする利潤として550ポンドを追加するのではなくて，その額の9パーセント，すなわち495ポンドを追加するにすぎないであろう，その結果として価格は6050ポンドではなく5995ポンドとなるであろう。穀物はひきつづいて5500ポンドで売れるであろうから，より多くの固定資本が使用された製造品は，穀物，またはより少ない分量の固定資本が参加した他のどんな財貨にたいしても，相対的に下落するであろう。労働の騰落による財貨の相対価値の変更の程度は，固定資本が，使用される全資本にたいして占める割合に依存するであろう。きわめて高価な機械によって生産されるか，あるいはきわめて高価な建物のなかで生産される商品，もしくは市場にもたらされうるまでに長時間を要する商品は，すべてその相対価値が下落するであろうが，それにたいして，主として労働によって生産されるか，もしくはすみやかに市場にもたらされる商品は，すべてその相対価値が騰貴するであろう。[23]

上記で言われていることは，ごく単純なことである。農業資本家の生産物5500ポンドは，賃金の1パーセントの上昇によって，その分解比率が変化するであろう。それは，従来まで5000ポンドの賃金と500ポンドの利潤に分割されていた。賃金上昇以降は，$5045\frac{95}{109}$ポンドの賃金と，$454\frac{14}{109}$ポンドの利潤に分割されるであろう。というのは，利潤の1パーセントの低下によって，両者の分割比率は100対10から100対9に変化するからである。これに対して製造工業者の場合は，従来まで5500ポンドの固定資本に対して10パーセントの利潤率つまり550ポンドの利潤が付加されたのに対

第5章　リカードウ価値論における一般的利潤率

して，利潤率の1パーセントの低下以降は495ポンド（9パーセント）を付加するのみであろう。このことによって，農業資本家の生産物に比較して製造工業者の生産物の価格は低下するから，リカードウの言うように「製造品は《中略》相対的に下落する」ということになる。これについてマルクスの述べるところを聞こう。

　この例証においては，10%の平均利潤によって規制された，諸商品の価値とは違った費用価格が，すでに想定されている。問題は，固定資本と流動資本とが資本のなかで占める割合が違うのに応じて，利潤の騰落がこの費用価格にどのように作用するか，ということである。この例証は，本質的な問題すなわち価値の費用価格への転化とはなんの関係もない。

リカードウは価値の生産価格（費用価格）への転化という問題を取り扱っていない。彼は一般的利潤率や生産価格がすでに成立したという前提のもとで，労賃の騰落が利潤率にどのような影響をおよぼすか，ということ副次的な問題のみを取り扱っている。それでは最後に，この副次的な問題をマルクスがどのように処理しているかを検討しておこう。

マルクスはこの副次的な問題を『資本論』第3巻第11章「生産価格に対する労賃の一般的変動の影響」において考察している。まずマルクスは社会的平均資本80C＋20Vを前提する。剰余価値率は100パーセントである。ここで労賃が25パーセントだけ騰貴したとすると，80C＋25V＋15Pという一回転価値になるであろう。利潤率$14\frac{2}{7}$パーセントである。これが新たな平均利潤率となる。では社会的平均資本よりも高い有機的構成をもつ資本の場合はどうなるであろうか。たとえば，その資本の構成が92C＋8Vであったとする。平均利潤率が20パーセントであったとすれば，総生産物の生産価格は120であろう。ところで，労賃が25パーセントだけ騰貴することによって構成は92C＋10Vになるであろう。すなわち費用価格は102にな

139

るだろう。ここで新しい平均利潤率は$14\frac{2}{7}$パーセントなのだから，Ｐは$14\frac{4}{7}$であり，総生産物の生産価格は$116\frac{4}{7}$になるだろう。したがって，利潤は従来の20から$16\frac{4}{7}$になり，有機的構成の高い部門の生産価格は下落したと結論することができるだろう。

　以上がマルクスの証明である。しかしこの問題は，「本章（第２篇　利潤の平均利潤への転化）で取り扱われた他の重要な諸論点に比べれば，まったく二次的な問題であ」[28]るとマルクスは見なしている。

小　括

　我々は，リカードウがいかにして本来的な問題を回避して，副次的な問題に逃避したのかをつぶさに観察してきた。つまり彼は，利潤率の均等化という問題，表現を変えて言えば価値の生産価格への転化がいかにして行われるのか，という本質的な問題に取り組まず，生産価格が成立したうえで労賃の騰落（騰貴のみであるが）が生じた場合，生産物の相対的な価値はどのように変化するか，という非本質的な問題のみを取り扱ったのである。

　それではリカードウの正しい認識を阻んだものは何だったのだろうか。リカードウには利潤率の均等化を考察する余地が残されていたのである。農業資本家の場合と違って，製造業者は第一年度に生産した機械の価値を投下資本に含めなければならない。そうなると彼は，流動資本にたいして「利潤」（剰余価値）を計算し，その剰余価値量を総資本量で割ったところの商を利潤率としなければならなかったのである。しかし，そのように計算を行うと，明らかに農業資本家の利潤率と製造業者の利潤率とは食い違ってしまう。ここに，彼が利潤率の均等化を考察するチャンスが生まれていた。しかし彼はそのチャンスを自ら捨てた。そして明らかな計算間違いを犯した。つまり第一年度に生産された機械の価値を投下資本に含めなかったのである。このことが彼をして正しい認識に到達させなかった原因であった。この事実の原因は「まったく奇妙」[29]である。しかしその理由

第5章　リカードウ価値論における一般的利潤率

は，彼が，利潤率を計算しようとして，実質的には剰余価値率を計算しようとしていたことなのである。しかし，本来的な利潤率を計算したとすれば，利潤の平均利潤への転化を問わざるを得なくなる。したがって，リカードゥはその困難な問題を避けて，副次的な問題だけを考察したのである。そしてこのことは，その後の経済学説の動向を左右することになる。

（1）　Karl Marx/Friedrich Engels: Gesamtausgabe (MEGA), Hrsg. vom der Institute fuer Marxismus-Leninismus beim ZK der KPdSU und vom Institute fuer Marxismus-Leninismus beim ZK der SED, Abt.2, Band3, Teil3, Diez Verlag, Berlin, 1978, S.1630, 以下MEGA II／3. 3, S.1630と略記する。なお訳文は『マルクス資本論草稿集⑥』（資本論草稿集翻訳委員会訳，大月書店）を用いた。以下同じ。

（2）　*The Works and Correspondence of David Ricardo*, edited by Piero Sraffa with the collaboration of M. H. Dobb, Cambridge University Press, 1951-55. Volume I , On the Principles of Political Economy and Taxation, 1951.『経済学および課税の原理』（堀経夫訳『リカードウ全集Ⅰ』雄松堂出版）

（3）　なお，リカードウが価値論において一般的利潤率を登場させたことについては，二つのアプローチがある。一つはマルクスの側からのリカードウ観に重きを置いたものであり，もう一つはリカードウ経済学の形成史をふまえた解釈である。マルクスの側からのリカードウ観の代表例は，久留間鮫造・玉野井芳郎『経済学史』（岩波書店）である。「彼（リカードウ）は，スミスの価値構成論には…反対しながら，しかもその根底によこたわっている一般的利潤率の概念に対しては少しも批判的な態度をとろうとしない。彼もまた一般的利潤率を，スミスと同様に，価値および剰余価値から展開するかわりに，はじめから与えられたものとして前提するのである」（149ページ）。つまり，リカードウは価値の生産価格への転化という問題を閑却したばかりでなく，それらの区別さえしていなかったとする立場である。本論もこの立場をとる。他方，リカードウ価値論の形成史に内在した研究は，リカードウが価値修正論にいかに傾倒していったかをまざまざと示している。それと同時に，リカードウが価値の生産価格への転化という問題に気づきもしなかったということを裏書している。たとえばリカードウが書簡その他でのやりとりを通じて価値と生産価格との違いに気づかされていったという歴史が示される。たとえば中村廣治『リカードウ経済学研究』（九州大学出版会）がそうである。この著書は，リカードウが初版『原理』から第3版にかけて，トレンズ，マカロック，マルサスといった論客の影響のもとに「価値修正論」を発展させていったと考証している。また，リカー

141

ドウが理論形成の過程で，価値修正論の必要性ばかりでなく，価値と生産価格との区別に気づいていたとする見解もある。千賀重義「リカードウ不変な価値尺度論の再認識―遺稿『絶対価値と交換価値』の追求したもの―」(名古屋大学『経済科学』第18巻4号，1971年)は，1823年のマカロック宛の書簡でリカードウが価値と生産価格との区別を表明していると結論している。これに関連して，羽鳥卓也「リカードウにおける価値と自然価格との乖離―2―1821年の資料を検討して」(岡山大学『経済学会雑誌』12-1，1980年7月)では，リカードウが，マカロックやマルサスの見解に触発されて，価値と生産価格との乖離の問題に気づかされつつも，そのことは『原理』の改訂に反映されることはなかったと述べている。いずれにせよ，リカードウに内在する研究においても，リカードウが価値と生産価格への転化という問いを本格的に提起することはなかったとする。ところでリカードウが価値と生産価格との区別に事実上気づいていたばかりでなく，価値から生産価格への転化の問題にも事実上言及していたとするのが桜井毅である(「リカードの生産価格論(一)」『武蔵大学論集』第13巻第3号)。「価値と生産価格との区別を事実上想見していたのであって，経済学史上，このリカードにおいて，価値から生産価格への『転化』の問題がはじめて提起されたのであり，その功績は彼がになうものである」(12ページ)と。桜井論文はリカードのさまざまな叙述をあげて，価値の生産価格への転化の問題提起の実在を立証しようとする。ここでは深く立ち入ることはできないが，桜井論文が自己の論拠としたマルクスの引用については一考を要する。「リカードは価値を考察するにあたって，商品の価値規定と，ひとしい大きさの諸資本がひとしい利潤をあたえるという現象との関係を，とにかく熟考した最初の人である」(MEGA II/3. 4, S.1262)。リカードウがそれらの関係を「熟考」したとはいっても，だからといって決して価値の生産価格への転化を直接に考えたことを意味するものではない。その直後にマルクスは述べている。「彼(リカードウ)は，はじめから，費用価格と価値とを同一視しているのであって，彼には，この想定がはじめから一見して価値法則に矛盾する，ということがわかっていない」(MEGA II/3. 4, S.1263)。この叙述こそ重視すべきだったであろう。そして本論では，価値と生産価格との同一視，あるいは一般的利潤率の前提への固執がいかなる誤りを惹起し，リカードウが労賃騰貴による相対価値の変動という別の問題にいかに逃避したかを考察するものである。なお，賃金率変動を価値変動の一原因とみることは，価値と自然価格の同一視から生ずるとする見解は，羽鳥卓也『古典派経済学の基本問題』(未来社)を参照のこと。なおMEGA II/3. 4 の訳文は，『資本論草稿集⑦』(資本論草稿集翻訳委員会訳，大月書店)を用いた。以下同じ。

(4) MEGA II/3. 3, S.816. おな訳文は，『マルクス資本論草稿集⑥』(資本論草稿集翻訳委員会訳，大月書店)のものを用いた。以下同じ。

第 5 章　リカードウ価値論における一般的利潤率

(5)　MEGA II /3. 3, S.826
(6)　マルクスは述べる。『原理』の「第三節では，彼は，等しい価値成分をもった充用労働手段がいろいろな商品の生産にはいると仮定している。その次の節では，固定資本が違った比率をもって〔諸商品に〕はいって行くことによって起こる相違が研究される。だから，リカードウは不変資本の概念には考えついていないのである」（MEGA II /3. 3, S.825）。リカードウが注目しているのは上記に見られるとおり，固定資本の量や比率だけである。彼のばあいには資本の形態上の区別しか存在しない。したがって剰余価値生産に影響をおよぼすような資本の相違には目をむけていないのである。
(7)　MEGA II /3. 3, S.826
(8)　MEGA II /3. 3, S.827. この場合の「費用価格」とは「生産価格」の意味で用いられている。MEGA II /3. 3, 校異一覧巻S.98.
(9)　マルクスは，リカードウが「相対価値」という言葉を生産「価格」の意味で用いていることを非難している。リカードウは「価格」や「交換価値」といった言葉も用いているが，ここでは厳密に区別されているわけではない。
(10)　この「価値」は生産価格という意味である。
(11)　MEGA II /3. 3, S.831.
(12)　Ricardo, *op.cit.*, p.34.（堀訳，38-39ページ）
(13)　*ibid*, p.32-33.（堀訳，37ページ）
(14)　*ibid*, p.33-34.（堀訳，37-38ページ）
(15)　〔表1〕を見ればわかるとおり，実際には蓄積された労働の相違は考察されていない。製造業者（ケース1）と農業資本家とを比較してみると，蓄積された労働の相違ではなくてその有無の点だけが考察されているのである。「肉を食う人と食わない人が『違った量で』肉を食うなどと言えないのと同じである」（MEGA II /3. 3, S.834）。ここで実際に考察されているのは，製造業者と農業資本家との間の労働期間の相違である。
(16)　Ricardo, *op.cit.*, p.34.（堀訳，38-39ページ）。本章の脚注14の引用と脚注16の引用はリカードウの言によれば趣旨は違っている。すなわち前者は「資本の耐久性の程度が異なっているために，あるいは同じことであるが，一組の商品が市場にもたらされるまでに経過しなければならない時間の〔相違〕」が前提になっている。これにたいして後者は「蓄積された労働の，分量が異なるために，価値を異にする場合」が前提条件となっている。しかしいずれのケースも，固定資本の存在が労働期間を長くしていることに変わりはない。そして労働期間が長くなっているために，機械に含まれている未実現の利潤が「相対価値」の変動を惹起しているという点では変わりはない。そこで本論では，この点から，二つのケースを同趣旨のものとして論ずることにした。
(17)　MEGA II /3. 3, S.834-835. マルクスはここでは，綿織物業者が商品を10500

ポンドでしか売ることができないとのべている。これは計算表とは違っている。計算表によれば販売価格は11000ポンドなのである。おそらくマルクスは、「未実現の利潤」というものを排除してこのように述べたのであろう。

(18) MEGA II/3. 3, S.835.
(19) マルクスは、リカードウが利潤率の均等化という中間項に気づく契機があったことを指摘して次のように述べている。「このような予感は、リカードウにおいて突如出現しているのではない。その予感は単に、この例証があちらこちらへ曲折していて明らかにまちがいであることを明らかにしているにすぎない」(MEGA II/3. 3, S.835)。
(20) MEGA II/3. 3, S.834.
(21) MEGA II/3. 3, S.835.
(22) MEGA II/3. 3, S.839.
(23) Ricardo, *op.cit.*, p.35.（堀訳, 39-40ページ）
(24) *ibid,* p.35.（堀訳, 40ページ）
(25) MEGA II/3. 3, S.841-842.
(26) このことについて堀経夫は次のように説明している。「即ちリカアドウは、労賃と利潤との相反関係を基調とする純粋の労働価値説に出発しながら、しかもこの利潤を平均利潤の意に解することによって一先ず『自然価格』論を樹立し、然る後に再び労賃と利潤（但し今度は平均利潤）との相反関係に立ち戻って、ここに労賃の変動が平均利潤を通じて『自然価格』に及ぼす影響を論じているのである」(堀経夫『リカアドウの価値論及びその批判史』70ページ)。つまりリカードウには二重の意味での価値相反論があるわけである。第一に投下された労働にもとづいて成立する相反関係である。第二に、一般的利潤率が付帯した「自然価値」における相反関係である。労賃の騰貴によって商品の相対的価値が変動するといった場合、そこでの相反関係は第二の意味で使われている。
(27) マルクスはこの問題を「1863-65年草稿」において論じていた。MEGA II/4. 2, S.273-280.
(28) MEGA II/4. 2, S.278.
(29) MEGA II/4. 2, S.278.

第 2 篇
マルクス労賃論への問い

我々がこの第2編で問題にするのは，直接的には次のような問題である。すなわち，『資本論』第6篇「労賃」が，剰余価値論の補論なのか，それとも，剰余価値論の補論であるとともに蓄積論の前提でもあるのか，という問題である。そして，そのために第6章に「労賃という現象形態の『必然性』『存在理由』の解明」という内容を配置し，第7章に「『資本論』における労賃論の成立過程」という内容を配置した。これら二段階にわたる考察によって，上記の問題は結論をみることになる。

　ところで，ここ第6篇に関する上記の問題は，同時に次のような問題を惹起することになった。すなわち，マルクスの労賃論という領域は，いかなる変遷を経て『資本論』の結論にまでたどり着いたのか，という問題である。これはいわば『資本論』の成立上の問題と言っていいだろう。

　ところが，この成立史上の問題を探求してゆくにつれて，我々はマルクスがテキストを改めるたびに，問題そのものを変更しているということに気がついた。つまり，マルクスがテキストを新しく書き換えるということの契機は，対象にたいする彼自身の問題の捉え方の変更に起因するということが分かったのである。

　我々は第1篇で，古典派経済学が誤りを犯したのは，対象にたいする彼ら自身の問いそのものが間違えていたということを明らかにした。そして，それはほかならぬマルクス自身の導きによって，古典派をそのように読んだのである。しかし，この第2篇では研究の仕方は異ならざるを得ない。マルクスが古典派を読むのと違い，我々自身がマルクスを読むのである。

　しかし我々はマルクス以上の存在ではないのだから，そこには自然，困難がつきまとうであろう。だから，マルクスが古典派を読んだ同じやり方でマルクスを読む。そして，『資本論』以前のテキストと『資本論』そのものを突き合わせながら，読む。すると，マルクス自身のテキスト変遷が，

問いの変更を契機としていることが分かる。そしてそれを手がかりにすれば，テキストの変遷および『資本論』自体の正しい読解もまた可能となるのである。

　第 6 章においては，いわゆる労賃という現象形態の「必然性」「存在理由」の解釈を行う。このことによって『資本論』第 1 巻第17章「労働力の価値または価格の労賃への転化」の意味内容が明らかにされるであろう。そして，第 6 篇「労賃」が剰余価値論の補論なのか，それとも剰余価値論と蓄積論の結節点であるのか，という問題の解決への端緒が開かれるであろう。また第 7 章「『資本論』における労賃論の成立過程」においては，『資本論』以前の諸テキストとの比較によって，労賃論が剰余価値論全体の補論であるということが最終的に明らかになるであろう。

第6章　労賃という現象形態の「必然性」「存在理由」の解明

I　問題の所在

　現行『資本論』の「第1部　第6篇　労賃」は，いわゆる剰余価値論と蓄積論とのはざまに位置し，その『資本論』体系上の意義に関する議論が何かにつけて行われるが，いまだに定説をみるに至っていない。それは，剰余価値論の補論であるとともに蓄積論の前提であるとする見解もある[1]。第6篇の意義を解明するためには，まず，第6篇の内容なかんずく首章たる「第17章　労働力の価値または価格の労賃への転化」のそれを明らかにすることが先決であろう。とりわけ労働力の価値または価格の「必然性」「存在理由」[2]が，果たして労賃への転化を十全に説明しうるかどうかが緊要の課題であると考えられる。この課題の解明いかんによって，直接的にではないにしても，第6篇の意義の問題が左右されることになる。試みに，もし第17章において転化が説かれていないと解釈するなら，転化の実質的根拠をたとえば剰余価値論から探し出すということになるだろう。こうした見方は，その是非はともかく，第6篇が剰余価値論の補論であるという見解に結び付くことになる。したがって，第17章における労賃形態の「必然性」「存在理由」と呼ばれるものの意味内容を解明することの重要性は明白である[3][4]。

　ところで，労賃形態の「必然性」「存在理由」は，簡潔をきわめた叙述のなかに複雑な内容が盛り込まれ，それゆえに一義的な解釈を容易には許さぬ恰好となっている。したがって，この部分は，適切な解釈を求める論

者たちの相争う場となった。その論争の初期には，賃金が労働の後に支払われること，いわゆる賃金「後払い」を根拠として，労賃への転化を説明することが多数説の座を占めた。だが，多数説は相変わらず多数説のままで定説となることはなかった。なぜなら，その後「後払い」説に反対して，他の根拠をもって労賃への転化を説明しようとする論稿が相次いだからである。論争は1970年代の半ばにほぼ終結したように見えたが，実は膠着状態の始まりにほかならなかった。定説と考えられるものは結局現れなかったのである。

「後払い」説が多くの有力説に包囲され，定説としての地位を獲得できなかったのには理由がある。第一に，賃金「後払い」を労賃への転化の主要根拠とみなす学説には，その説明のさいに必要となる根本的条件の説明が欠落していたのである。第二に，かつての「後払い」説は，マルクスがいくつか列挙した「必然性」「存在理由」のなかから賃金の「後払い」だけを素朴に抽出しただけであって，労賃への転化においてその他の根拠が果たす役割や，「後払い」と他の根拠との関連および全体的編成が没却されてしまい，『資本論』の趣意を正確に明らかにしようとする学説としての説得性が希薄になってしまったということである。

このことは，具体的には次のような問題として表現されるだろう。「1861-63年草稿」や『賃金・価格・利潤』（1865年）の時点では，マルクスは，労働力の価値または価格が労賃に転化する根拠として，「後払い」のみを挙げている。しかし，初版『資本論』（1867年）になると一転して，「後払い」のほかに労賃への転化の根拠が次々と列挙され，「後払い」は，それらへの追加的あるいは補足的な地位に追いやられてしまう。そしてまさに，この理由を，各根拠の文言を正確に解釈することを通じて，究明することが，「必然性」「存在理由」と称された労賃への転化の諸々の根拠の全体的編成を明らかにすることの鍵となるのである。

さらに重要な課題として次のものがある。それは，「必然性」「存在理由」の叙述部分が，初版『資本論』からドイツ語第二版にかけて，形式

第6章　労賃という現象形態の「必然性」「存在理由」の解明

的・内容的変更をほどこされていることである。

　したがって，我々の課題はつぎのようになる。

①「1861－63年草稿」および『賃金・価格・利潤』から初版『資本論』にかけて，労賃形態への根拠の描かれ方が変化しているが，この叙述上の変化は，なぜもたらされたのか？

②初版『資本論』においては「必然性」「存在理由」の叙述の仕方の点において，他の版とは異なっている部分がある。この違いを前提として，初版『資本論』における「必然性」「存在理由」はどのように解釈されるか？

③初版『資本論』とドイツ語第二版とを比較すれば，叙述上の違いが散見される。この叙述上の違いは，どのようにしてもたらされたのか？

　以上である。

　この第6章では，この三つの問題をひとつづつ検討してゆくことにする。

Ⅱ　労賃という現象形態の「必然性」「存在理由」

　資本主義的生産様式の最大の特徴は，その生産が資本家による剰余価値の取得を目的として行われるということである。剰余価値を生産するためには，資本家は労働力商品を市場において購買しなくてはならない。資本家は，労働者から労働力商品を価値に従って購入し，労働力を生産過程において使用して，剰余価値を生産する。労働力商品の価値とは，その労働力を再生産するのに必要な生活手段の価値，およびこれに労働力の技能養成費，労働者家族の生存費が加わる。これが，賃金と呼ばれるものの定義である。ところが，資本主義的生産過程では，労働者の賃金は労働力の価値または価格とは見えず，労働そのものの価格，すなわち労賃 der Arbeitslohn であるように見える。なぜ，そのような事態が存在するのであろうか。この根拠をマルクスは『資本論』第1部第6篇第17章（初版『資本論』では第5章第4節）において考察せんとし，最初に次のように述

(7)

151

べている。

　　労賃の秘密を見破るためには世界史は多大の時間を必要とするのであるが，これに反して，この現象形態の『必然性』，その『存在理由』を理解することよりもたやすいことはないのである。[8]

　ここで，マルクスは文字通り，労働力の価値または価格という本質を覆い隠す労賃形態なるものの「必然性 Nothwendigkeit」「存在理由 raison d'etre」を明らかにしようとしているのである。だが，この部分をめぐるかつての論者たちの見解のなかには，かならずしもマルクスの趣旨をそのまま受容しないものがあった。その中には，この叙述部分で労賃への転化の根拠が説かれている，とするものもあれば，転化の根拠が説かれていない，とするものもあったのである。[9]
　しかし，それらの説はまず措き，労賃という現象形態の「必然性」「存在理由」とはいかなるものかについて紹介しようと思う。それは，引用すれば，次のような文言となって現れる。

　まず，初版『資本論』では，マルクスは労賃形態の「必然性」「存在理由」の説明を，次のような前置きから始めている。

　　世界史が労賃の秘密を見破るには多大の時間を要するとしても，それでもこの現象形態の必然性，"存在理由"を理解することほどたやすいことはない。[10]

　そして当該「必然性」「存在理由」は，次のように書かれている。

　　資本と労働とのあいだの交換は，われわれの知覚には，さしあたり，すべての他の商品の売買とまったく同じ仕方で現れる。買い手が一定

第6章　労賃という現象形態の「必然性」「存在理由」の解明

の貨幣額を与え，売り手が貨幣とは違うある物品を与える。法律意識は，ここではせいぜい素材的区別を認識するのみであって，その区別は，"あなたが与えるために私は与える，あなたがなしうるために私は与える，あなたが与えるために私はなす，あなたがなしうるために私はなす"という法律的等置の定式で表わされる。

　そのうえ，交換価値と使用価値とは，それ自体としては同単位で計量できない大きさであるため，「労働の価値」「労働の価格」という表現は，「綿花の価値」「綿花の価格」という表現よりも不合理であるようには見えない。さらに加えて労働者は，労働を提供したあとに支払を受ける。そして貨幣は，支払手段としてのその機能において，提供された物品の価値または価格，すなわちこの場合では提供された労働の価値または価格を，事後において実現するのである。最後に，労働者が資本家に提供する「使用価値」は，実際には彼の労働力ではなく，労働力の機能，すなわち裁縫労働，製靴労働，紡績労働などというある特定の有用的労働である。この同じ労働が，他方では，一般的な価値形成要素であるということは，労働が他のすべての商品から区別される属性であるが，普通の意識の領域からは抜け落ちる。

　《中略》

　加えて，労賃の現実的運動の示す諸現象は，支払われるのは労働力の価値ではなく，労働力の機能すなわち労働そのものの価値であるということを証明するように見える。これらの現象は，二大部類に還元されうる。第一に，労働日の大きさの変動にともなう労賃の運動。《中略》第二に，同じ機能を果たす異なる労働者たちの労賃における個人的な違い。[11]
……

　以上が，労賃という現象形態の「必然性」「存在理由」を述べた主要の部分である。これから，これら列挙された根拠のひとつひとつについて詳説してゆこうと思う。

153

III 労賃形態の「必然性」「存在理由」でマルクスが言いたかったこと

1 労賃という現象形態の「生産」と「再生産」

　我々は，この章において初版『資本論』を用いるが，マルクスは，いわゆる労賃という形態の「必然性」「存在理由」を書き始めるにあたって，次のように前置きをおこなっている。繰り返すが，それは次の文言である。

　　世界史が労賃の秘密を見破るには長い時間を要するとしても，それでもこの現象形態の必然性，"存在理由"を理解することほどたやすいことはない。(12)

　以上の文言からすれば，マルクスはこれから労賃という現象形態を生んだ，もしくは生産した根拠を説明するつもりなのだと受け取れるであろう。ところが，同じ第17章「労働力の価値または価格の労賃への転化」の最後の段落には，次のように書かれてあるのである。

　　現象となって現われてくる本質的関係すなわち労働力の価値および価格と区別される，『労働の価値および価格』または『労賃』という現象形態については，あらゆる現象形態とそれらの背景について言えるのと同じことが言える。現象形態は，直接に自然発生的に，普通の思考として再生産されるが，その隠れた背景は，科学によってはじめて発見されなくてはならない」（傍線は筆者による）。(13)

　すなわちマルクスは，労賃という現象形態が「生産」される事情もしくは根拠のことを問題にしているのではなく，それが「再生産」される事情，あるいはその根拠のことを問題にしているのである。なるほど，労賃という現象形態が「再生産」される以上は，それはいつかどこかで「生産」さ

154

第 6 章　労賃という現象形態の「必然性」「存在理由」の解明

れているはずである。マルクスが『資本論』において問題にしているのは，その現象形態が生産される事情または根拠ではなく，それが「再生産」される事情または根拠である。以上のことをふまえたうえで，次に，労賃という現象形態の「必然性」「存在理由」の語義について考察を加えてみよう。

2　「必然性」「存在理由」とは何を意味するのか

　ここで我々が立ち入っておかねばならないことは，「必然性」「存在理由」という言葉の意味である。そもそも，これらの語義をないがしろにしてきたことが，この部分にまつわる論争を長期化させ，膠着状態に陥れてきたのである。したがって我々は，この耳慣れない言葉を仔細に検討してみなくてはならないだろう。

　「この現象形態の必然性，およびその"存在理由"」と読んだものは誰でも，ここから述べられているものは，労賃形態の「原因」等であって，労賃形態がその結果だと理解することになるだろう。しかし，それでは，マルクスが「原因 Ursache」等と書かずに，ほかならぬ「必然性 Nothwendigkeit」と書いた理由が分からない。これが第一の謎である。さらに言えば，「必然性」と書いたあとに「存在理由 raison d'etre」とフランス語で補足されているということである。これが第二の謎である。考えられうるとすれば，マルクスは「必然性 Nothwendigkeit」を通常とは異なる意味で用いたのではないか，ということである。しかし，それでは自分の本意は伝わらないので，敢えてフランス語の言い回しを使って表現しなおしたのではないだろうか。

　では，「必然性」はそれほどに多義的な概念なのだろうか？ここで我々はヘーゲルの『論理学』をひもといてみることにする。「必然性」が論じられているのは「本質論」の「現実性」の章においてである。そこで提示されている「必然性」は，「形式的必然性」，「実在的必然性」および「絶対的必然性」である。このなかで注目すべきは「絶対的必然性」である。

155

「現実性が自分の即自存在として必然性を含むことによって，それ自身がそのまま必然的であるところのこの現実性は，絶対的必然性である[14]」。つまり絶対的必然性とは，存立の根拠や条件を自らのうちにもっている現実性の一契機のことである。言いかえれば，現実的な現象が成り立つために，その現象が自らのうちに内包している動因のことである。

そうであるとすれば，この「現実性」とは『資本論』のこの箇所ではいかなる意味で使われているのか？「現実性」とは労賃という現象形態そのものである。労賃形態が絶対的必然性をもっているというのはいかなる意味か？マルクスは，労賃という現象形態そのものが，その内部に存立根拠をもっているということを言いたかったのである。つまり労賃形態そのものが，自らを存立させるための根拠を自らつくりだしているという意味で「必然性」という用語を用いたのである。

労賃形態が内部に存立根拠をもっているとはどういうことだろうか。なるほど歴史的に見れば，労賃形態はなんらかの事情で生じたに違いない[15]。しかしマルクスの言わんとしていることは，それとは違うのである。最初に生じたその原因については，ここでは問題にしていないのである。マルクスが言いたいことは，労賃形態はどうして「再生産」されるのか，ということである。労賃形態が何故「生産」されるのか，ということではない。労賃形態が自らを「再生産」する仕組み，これこそが問題だったのである。

ではマルクスが「必然性」という言葉とともに「存在理由 raison d'etre」というフランス語を用いた理由は何だろうか？「レゾンデートル」は，フランス語の第一義としては，むろん「存在理由」を意味する。また，この「存在理由」は，フランス語では次のように定義される。

「ものあるいは人の存在を正当化するもの ce qui justifie l'existence d'une chose ou d'une personne[16]。」

したがって，『資本論』の，この文脈で「存在理由」が使われていると

第 6 章　労賃という現象形態の「必然性」「存在理由」の解明

すれば，労賃形態の存在を正当化する根拠のことを意味することになるだろう。

「正当化」するということは，正当化される対象がまえもって存在していなければ出来ないことである。したがって，「存在理由」とは，労賃形態の存在そのものを創り上げる根拠ではなく，すでに存在している労賃形態の存在を正当化し，その存在を再生産するための根拠であると言い得るのである。

したがって，マルクスが「必然性」という言葉とともに「存在理由」という言葉を用いたのは，次の理由からである。「必然性」だけでは「絶対的必然性」つまり存在を再生産させる根拠という意味として受容されない可能性がある。したがって，フランス語の同義語を併用することによって，「必然性」を「絶対的必然性」の意味で理解してもらおうとしたのである。

だから我々は「必然性」「存在理由」を，労賃形態を「生産」する根拠としてではなく，むしろ「再生産」する根拠として，読む。このように読むことによって，「必然性」「存在理由」の本来の意義が明らかになるだろう。それと同時に，「1861－63年草稿」ならびに『賃金・価格・利潤』の内容が『資本論』に至って変化した理由も判明するであろう。

Ⅳ　労賃形態の「必然性」「存在理由」の個別的解明

この節では，労賃形態の「必然性」「存在理由」として挙げられた，さまざまな根拠をひとつづつ説明し解釈してゆくこととする。なお，ここで用いるのは『資本論』の初版である。なぜ初版を用いるのか？その理由は二つある。第一に，労賃形態の「必然性」「存在理由」として，その根拠が挙げられているのは，マルクスのテキストのなかでは，初版の『資本論』が初めてだからである。第二に，この部分の叙述は，第二版以降，若干，書き換えられてしまう。したがって，もっとも純粋なテキストにて「必然性」「存在理由」を検討しうるのは初版の『資本論』だけなのである。

なぜ第二版以降に，この部分が書き換えられたのか，という問題は後に触れる。

1　労賃という現象形態の歴史的起源
　労賃形態の歴史的な起源については，マルクスは次のように述べている。

　　出来高賃金は資本主義的生産様式に最もふさわしい労賃形態であることがわかる。出来高賃金はけっして新しいものではない——それは，とりわけ十四世紀のフランスやイギリスの労働者法規では，時間賃金と並んで公式に登場する——とはいえ，それが初めて比較的大きな活動の余地を獲得するのは，本来のマニュファクチュア時代でのことである。[17]

　ここでマルクスが指摘しているとおり，時間賃金や出来高賃金は，資本主義的生産が社会において支配的になる以前から存在していたものである。しかし，それが，いつ，どの工場等で発生したのか，ということについては，マルクスは詳らかに語っていない。ここで次のように結論することができるだろう。マルクスにとって時間賃金や出来高賃金つまり労賃の転化形態が，いつ，どこで発生したのか，という問題は，どうでもいいことなのである。つまり，マルクスにあっては，労賃という形態が最初に「生産」されたのがいつなのか，ということは，問題にされていないのである。マルクスにとって重要なのは，その，すでに存在している労賃形態が現在どのようにして「再生産」されているのか，ということであって，最初に「生産」されたのがいつなのか，ということはマルクスの視野にはない。
　あるいはまた，マルクスは次のようにも述べている。

　　古典派経済学は，なんらの批判もなく，労働の価格という範疇を日常生活から借りてきて，それからあとで，どのようにしてこの価格が規定されるか？と自問した。[18]

第6章　労賃という現象形態の「必然性」「存在理由」の解明

　つまり，労賃形態は，「日常生活」において存在し，人々から暗黙の認知を受けていた現象形態だったのである。マルクスはこのことを，それ以上追究しない。彼が考察するのは，どのような根拠が，かねてから存在しているこの現象形態を再生産しているのか，ということだけなのである。

2　「必然性」「存在理由」の究明

　労働者が資本家に売り渡すものは労働力商品である。資本家は自分が手にいれた労働力を使用して，必要労働時間以外に剰余労働時間までも労働させて剰余価値を搾取する。労働力と引き換えに労働者に与えられる賃金は，ほかならぬ労働力の価値に等しいが，もし賃金が労働力に対する対価ではなく労働に対する対価，すなわち「労賃」であるとされるなら，その労賃形態は「労働日が必要労働と剰余労働とに分かれ，支払労働と不払労働とに分かれることのいっさいの痕跡を消し去る」ことになる。その結果，資本主義的生産様式の本質的関係は隠蔽されることになるだろう。ところがこの労賃形態は，資本主義的社会において現実に存在し，その社会の構成員に広く受け入れられているのである。

　　ブルジョア社会の表面では，労働者の賃金は労働の価格として，すなわち一定量の労働に支払われる一定量の貨幣として，現われる。そこでは労働の価値が論ぜられ，この価値の貨幣表現が労働の必要価格とか自然価格とか呼ばれる[20]。

　なにゆえこのような労賃形態が社会に広く認められ，存続しつづけているのか？あるいは「再生産」され続けているのか？マルクスは『資本論』第1部第5章に第4節（現行版では第6編第17章）おいて，その問題，つまり労賃形態の「必然性」「存在理由」を正面から解明しようとするのである。

　「必然性」「存在理由」が書かれている部分は，まず次のような言葉で始

159

まっている。

　（A）「資本と労働とのあいだの交換は、われわれの知覚には、さしあたりは他のすべての商品の売買とまったく同じ仕方で現われる。買い手は或る貨幣額を与え、売り手は貨幣とは違った或る物品を与える。法的意識はここではせいぜい素材の相違を認めるだけで、それは、法的な対等を意味する次のような言い方に表わされている。〔汝が与えるために我は与える、汝がなすために我は与える、汝が与えるために我はなす、汝がなすために我はなす。〕(21)

　ここで言われているのは、つぎのようなことである。「労働と貨幣との交換」という表現がいかに不合理であるとはいえ、現象の科学的把握ということにはさして頓着しない「法的意識」(22)をはじめとする「われわれの知覚」にとってはその不合理性は意識されない。「労働と貨幣との交換」は、通常の商品交換との比較において共通性すらもったものとして現れる。その共通性とは、「或る貨幣額」と「貨幣とは違った或る物品」とが交換されるということである。それだから、「労働の価値または価格」が、科学的にはどれほど不合理な表現であるにしても、「法的意識」をはじめとする「われわれの知覚」は奇異な印象を抱くことはない。なぜなら通常の商品交換においては、交換の当事者同士は、たがいに素材的にまったく違ったものを交換するのであって、「労働と貨幣との交換」においてもそのことは変わらないからである。なるほど、資本家と労働者との交換においても、「貨幣」と「労働」という素材的に違ったものが交換されるように見える。その点からいえば、この交換も、例外的なものとしてあつかう必要はないどころか、きわめて正常なものと見えるのである。

　以上は、「われわれの知覚」が、資本と労働とのあいだの交換と他のすべての商品交換との差異を認識しえないということを述べたものである。そして労働者と資本家の「法的意識」は、他の物品との比較において差異

第 6 章　労賃という現象形態の「必然性」「存在理由」の解明

がないということから，その非科学的な表象を弁護する役割を担っている。したがってこの部分は，すでに成立した，労働と貨幣との交換という非科学的な表象を「法的意識」が合理化し再生産する事情を述べたものだと言えるであろう。

ところで，この労働と貨幣との交換という表象に関する文言は，労働が貨幣と取引されるという状況を「法的意識」が合理化する経過を説明したものであり，この労賃形態の生産する根拠と言うべきものではない。この文言を（A）「法的意識」と呼ぼう。

初版『資本論』では，ここで段階を変えたうえで，次の根拠の説明に入る前に，興味深い前置きを書き残している。

> 諸商品のあらゆる売買は，さらに，支払を受けるものは商品の使用価値であるという幻想を伴っている。もっともこの幻想は，どんなにちがった物品でも同じ価格をもっているし，また，同じ物品でも—それの使用価値またはこの使用価値にたいする必要が変わらなくても—いろいろとちがった価格をもっている，という単純な事実には，すでに足をよろめかしているのだが。[23]

マルクスはまず上のように前置きする。しかし，この前置きとしての事態—支払を受けるものは商品の使用価値であるという幻想—が，どのように生じるのか，という点は，マルクスにとってはどうでもよいことである。[24] マルクスは，労賃という現象形態がいかにして再生産されるか，ということだけを問題にしている。したがって，その現象形態を再生産する根拠の前提さえ明らかにしておけば，それでよいのである。

そのように確認したうえで，労賃形態の「必然性」「存在理由」をなす二つ目の段落の解説にはいる。二つ目の段落で最初に記述されているのは，次の根拠である。

（B）「(この観点からみれば)交換価値と使用価値とはそれ自体として通約のできない量なのだから、『労働の価値』とか『労働の価格』とかいう表現も、『綿花の価値』とか『綿花の価格』とかいう表現以上に不合理が存在しているわけではない。」

　この（B）文言はなにを言おうとしているのか。
　ここでは、使用価値と交換価値の数量が通約不能であるという点に、「労働の価格」と通常商品の価格表現との共通点を見いだし、「労働の価値（価格）」範疇を合理化し正当化づける事情が指摘されている。たとえば、「労働」は何時間・何日・何週間等々という時間単位で測定されるのにたいし、価値または価格は、何円・何ポンド等々という単位で測定される。通常の商品の場合も、使用価値の単位と交換価値の単位とは通約不可能なものであるが、「労働の価格」の場合もその例に漏れるものではない、というわけである。したがって、もし「綿花の価格」という表現が不合理なものではないとするならば、「労働の価格」という表現を不合理なものとする理由はない。「綿花の価格」が不合理でないのと同じ程度において「労働の価格」もまた不合理ではない。つまり「労働の価格」は、ここ（B）の文言でもまた（A）「法的意識」におけると同じように、他商品の場合との共通点を足掛かりとしつつ社会に浸透していくのである。
　したがって、この（B）文言は、「労働の価格」範疇を経済学に対して合理的であるとして再生産させるための根拠であるといいうるだろう。この文言を（B）「使用価値と交換価値との通約不能性」と呼ぼう。
　次の根拠の説明に移るまえに、マルクスは以下のような前置きを述べている。

　　労働の売買では、他の諸商品のばあいよりも誤解がいっそう避けられない。

第6章　労賃という現象形態の「必然性」「存在理由」の解明

　この前置きは何を意味しているのだろうか？まずこの先の根拠を述べる前に「労働の売買では」とことわっている。ということは，この先の根拠の前提条件として，すでに労働力の価値または価格の労賃への転化が確立している，とみるべきである。ここから論じられるのは，賃金「後払い」その他の根拠である。だとすれば，賃金「後払い」その他の根拠は，労賃という現象形態を再生産するものであるといえるだろう。さらに，「他の諸商品よりも誤解がいっそう避けられない」と述べている。したがって，それ以外の根拠よりも，労賃という形態を再生産せしめるにあたって，はるかに強い作用をもつことになる，と解釈すべきであろう。

　（C）「第一に，貨幣が，労働の購買では支払手段として機能するからである。労働者が支払を受けるのは，彼が自分の労働を提供してしまってからあとのことである。ところが，支払手段としての貨幣の機能には，この貨幣が，提供された物品の価値または価格を，したがって，いま論じている場合には提供された労働の価値または価格を，後刻実現する，ということが，概念上含まれている。(28)

　この「後払い」の文言では，貨幣が支払手段の機能を果たすということが内容上，含まれている。では，もし貨幣が支払手段の機能を果たしたとしたら，それと交換に供せられる商品の方は，一般にいかなる変化を被るのであろうか。この疑問を解明するためには，さしあたり，初版『資本論』の「第1章　商品と貨幣　（三）貨幣または商品流通，C貨幣，b支払手段」の項を参照するのがいいであろう。

　　買い手は，自分が商品を貨幣に転化させる以前に，貨幣を商品に転化させている。すなわち，第一の商品変態よりも以前に第二の商品変態を行う。売り手の商品は，流通するが，それの価格を私法上の貨幣請求権のうちにのみ実現している。その商品は，貨幣に転化する以前に使用価

値に転化している。その商品の第一変態は，あとになって初めて行われるのである。[29]

　単純な商品流通W−G−Wは，「売り」W−Gと「買い」G−Wによって構成される。自分の商品の「売り」によって，貨幣を得，それによって自分の欲望を満たすために他人から商品を買う。他人から商品を買う場合の主体は，「買い手」と呼ばれる。「買い手」はあらかじめ自分の商品を売って，貨幣を手に入れていなければならないが，「売り」を省略して「買い」を行うこともある。その場合，「買い手」は貨幣を持っていないので，相対する「売り手」に渡されるものは「私法上の貨幣請求権」である。「私法上の貨幣請求権」は，後に本物の貨幣に代わられるが，売られた商品はその支払猶予期間中に単なる使用価値に転じてしまう。
　貨幣が支払手段として，後から商品の売買を実現せしめる場合においては，その商品は使用価値に転化してしまっているのである。商品は，流通から回収されて買い手のふところに飛び込む。そうなるや否や，債券・債務関係を残しつつ，商品の交換価値は経済学的には意味を失い，商品として他人に譲渡されるものとしてよりはむしろ，買い手のもとで単なる使用価値として見なされるであろう。商品が流通から出て行ったとすれば，交換におけるそれ自身の価値はもはや無意味なものとなる。すなわち使用価値としてしか見なされない。
　労働力も商品である以上，このことは労働力の売買においても妥当する。賃金「後払い」のもとでは，当の賃金が現実に支払われるころには，労働力商品は労働という使用価値を発揮したものとしてしか見なされない。
　商品が価値としての意義を失い，単なる使用価値になってしまうというのは，具体的には次のような状況を想定すればいいだろう。一定期間の労働たとえば日労働を終えた労働力をそれ以上売ることは出来ない。労働力の処分権はもはや売る対象ではなく，労働力の価値は問題にならない。それは，労働者の精神的・肉体的消耗によるものであれ，また法定労働時間

第6章　労賃という現象形態の「必然性」「存在理由」の解明

の制限によるものであれ，そうである。その労働力は使用価値を発揮しつくしてしまっている。発揮された使用価値は，記録された過去の労働時間としてであれ，対象化された労働としてであれ，一定の形で存在している。「後払い」される貨幣が支払われるころには，そこに存在するのは労働力の使用価値たる労働または労働の対象化された生産物である。そこで，資本家の手元から賃金として支出されるのを待つ貨幣ないし貨幣支払義務は，生産過程の終了時には，労働力商品とではなく，その使用価値たる労働または労働の生産物と相対することになる。資本家の貨幣ないし貨幣支払義務は，労働力商品に対するものとしてよりはむしろ，提供された労働に対するものとして表象されてくる[(30)]。そして，使用価値たる「労働」が生産過程に終了時において「私法上の貨幣請求権」と相対した場合，その貨幣額が「労働の価格」であるとみなされ，ここに「労働の価格」なる範疇があらたに再生産されるのである。

　すなわち，『資本論』における賃金「後払い」の説明は，支払手段としての貨幣の機能と併せて理解されなければならない。

　すでに前章でみたとおり，労働力の売買と賃金の支払は時間的に分離する。そのため，賃金たる貨幣は支払手段として機能する。そしてその間に，商品は単なる使用価値に転化してしまう。そして労働者が賃金の支払いを受けるのは，その労働が終了したあとであり，それゆえに，労働者は賃金を，労働力ではなく労働にたいする対価として，あらためて認識するということである。

　次に引用する根拠もまた，労賃という現象形態を，より強力に再生産する根拠として読まれるべきである。

　（D）「第二に，労働者が資本家に提供する『使用価値』は，実際には彼の労働力ではなくてその機能なのであり，たとえば裁縫労働とか製靴労働とか紡績労働とかいう一定の有用労働である。その同じ労働が別の面から見れば一般的な価値形成要素であるということ，この性質によって

165

労働は他のいっさいの商品から区別されるのであるが，それは普通の意識の領域の外にあるのである[31]。

　労働者にとっても，資本家にとっても，単に労働契約を締結して，労働力の処分権の引き渡しをすることは，実際，それ自体としては重要なことではない。労働者にとっては，一定の時間にわたって一定種類の具体的有用労働を行うことではじめて賃金がもらえるわけである。つまり「実際には彼の一二時間の労働が三シリングの購買手段である[32]」。したがって，労働者としては，労働の具体的有用的側面に意識を執着させざるを得ない事情がある。したがって，その同じ労働が同時に価値形成要素であるということには，おいそれとは気がつかない。
　「後払い」その他の根拠によって「労働の価格」なる範疇が確固として再生産されるが，当の「労働」から価値形成的性格が簡単に窺われないことが，その範疇の存在条件となる。もし，労働の価値形成的性格が浮彫りになっているならば，労賃形態どころか資本制生産関係の存立そのものが危うくなるであろう。理由は説明するまでもない。それだから，「後払い」その他の根拠によって再生産された「労働の価格」は，あたかもその「労働」が具体的有用的性格しか伴っていないかのような印象をもつことによって，確固たる安定性を得ることになる。すなわち，労賃という現象形態が再生産され，人々の意識に，ふたたび刷り込まれるのである。
　ところでこの文言においては，マルクスは古典派経済学を意識している。「彼の労働力の価値が不変なのにその価格が，需要供給関係の変動によって四シリングに騰貴，もしくは二シリングに下落しようとも，彼は，つねに十二時間労働を与える。それゆえ，彼が受け取る等価物の大きさにおける各変動は，彼にとっては必然的に彼の十二時間労働時間の価値または価格として現われる。この事情は，逆に，労働日を不変の大きさとして取り扱うアダム・スミスを誤らせて，こう主張するに至らせた―生活手段の価値が変動し，それゆえ同じ労働日が労働者にとってはより多くの，または

第6章　労賃という現象形態の「必然性」「存在理由」の解明

より少ない貨幣として表われようとも，労働の価値は不変である」(33)と。労働者が，一定量の労働時間と引き換えに，財貨を受け取るものとしよう。その財貨が多くなったり少なくなったりしても労働の本来の価値は不変であるというのである。ここでは，労働の価値形成的側面を忘れ有用的側面にしか目を向けていないスミスの判断の誤り(34)が露呈されている。すなわちここでも，「後払い」その他の根拠によって再生産された「労働の価値」または「労働の価格」が経済学に対して奇異に映らない事情が説明されている。この第四の根拠を，（D）「具体的有用労働」の根拠と呼ぶことにしよう(35)。

（E）「そのうえに，労賃の現実の運動が示す諸現象は，労働力の価値が支払われるのではなくて労働力の機能すなわち労働そのものの価値が支払われるのだということを証明しているように見える。第一には，労働日の長さの変動につれて労賃の変動である。《中略》第二には，同じ機能を果たす別々の労働者たちの労賃の個人的差異である(36)。

「第一」として整理されたところの「労働日の長さの変動につれての労賃」とは，時間賃金のことを暗示しているとみなすことができよう(37)。そして「第二」の「同じ機能を果たす別々の労働者たちの労賃の個人的差異」とは，出来高賃金のことを示しているように考えられる(38)。そもそも，時間賃金や出来高賃金の詳しい説明は第18章と第19章における展開をまたなければならない。

ここでは，労働力の価値または価格が労賃に転化し，さらにその労賃が「時間賃金」や「出来高賃金」という形態をとって，労賃という現象形態が再生産されるということが述べられている。つまり時間賃金や出来高賃金は，労賃形態が再生産されるということにかかわっているのである。この根拠を（E）「労賃の現実の運動」と呼ぶことにしよう。かくして「現象形態のほうは普通の思考形態として直接にひとりでに再生産される(39)」。

3 初版「資本論」における「必然性」「存在理由」の構成

初版『資本論』における,この部分の叙述では,(C)「後払い」の根拠と(D)「具体的有用労働」の根拠とが,別格の扱いを受けている。たとえば,それらの諸根拠が述べられる前提として「労働の売買では,他の商品のばあいよりも誤解がいっそう避けられない」という前置きが語られているのである。

それでは『資本論』(初版)において,賃金「後払い」の根拠および「具体的有用労働」の根拠は,労賃への転化にさいして,いかなる役割を果しているのだろうか。まず,先に示した文言をもう一度読んでみよう。

①「諸商品のあらゆる売買は,さらに,支払を受けるものは商品の使用価値であるという幻想を,伴っている。……」
②「労働の売買では,他の諸商品の場合よりも誤解がいっそう避けられない。」

(C)「そのうえに,労働者は自分の労働を提供したあとで支払いを受けるということが加わってくる。ところが,貨幣は,支払手段として機能する場合には,提供された物品の価値または価格をあとから実現するのである。したがって,いま論じている場合には,提供された労働の価値または価格をあとから実現する。」

(D)「第二に,労働者が資本家に提供する『使用価値』は,実際には彼の労働力ではなくてその機能なのであり,たとえば裁縫労働とか製靴労働とか紡績労働とかいう一定の有用労働である。その同じ労働が別の面から見れば一般的な価値形成要素であるということ,この性質によって労働は他のいっさいの商品から区別されるのであるが,それは普通の意識の領域の外にあるのである。」

(C)「後払い」の根拠および(D)「具体的有用労働」の根拠は,上記

第 6 章　労賃という現象形態の「必然性」「存在理由」の解明

の二つの前置きの文章（①と②）が書かれたうえで登場する。まず，①の文言においては，通常の商品にあっては価値または価格ではなく，その使用価値にこそ代価が支払われるように見なされるという事情が，前提として述べられる。そして②の文言では，「労働の売買」では，その誤解がいっそう避けられないというのである。この「誤解」が，使用価値にたいして代価が支払われるという事情であることは明白である。しかも注目すべきことに，「労働の売買では」という条件が付されている。これは，通常の商品ばかりでなく，労働力もまた，特段の原因がなくとも「労働」として売買されていることを意味する。

　そこでまず（C）「後払い」の根拠を考えてみよう。賃金「後払い」という根拠は，労働力の価値または価格の労賃への転化にあたって，いかなる作用を及ぼすのであろうか？我々は，賃金が「後払い」される場合にあっては，賃金としての貨幣が支払手段として機能し，それが支払われる前に労働力の価値または価格が労賃に転化し，さらに「労働の価値または価格」という範疇を再生産するものであることは，先般，確認した。

　しかしこの賃金「後払い」の文言の内容の前提は「労働の売買」の場合なのである。つまり，賃金「後払い」に先立って「労働の売買」はすでに成立しているのである。[40]

　したがって，ここで言いうることは，賃金「後払い」は，労働力の価値または価格の労賃への転化に関与はしているが，それは，その現象形態を再生産する，あるいは存続・維持させる作用をもっているということである。

　さらにまた，（D）「具体的有用労働」の根拠で言われているとおり，労働が価値形成的性格を持っているということは，世人の想像の及ばぬところである。労働は，抽象的人間労働として現れるのではなく，まず裁縫労働といった具体的有用労働として現れ，そしてそのような性格をもったものとして資本家から需要される。また労働者の意識からみても，具体的で有用なある種の労働を供給しているように見える。したがって「労働の売

買」の場合には，これらの根拠から，「誤解がいっそう避けられない」のである。
(41)

V 「必然性」「存在理由」は第二版においてなぜ改変されたか？

　この当該「必然性」「存在理由」の叙述部分は，第二版において改変させられている。なぜ叙述が変わったのだろうか？その前に，どの部分がどのように変わったのかという点を確認しておく必要がある。

　改変されたのは主として以下の通りである。すなわち，以下の叙述部分のうち傍線をほどこした部分が，第二版において削除されている。

　<u>諸商品のあらゆる売買は</u>，さらに，<u>支払を受けるものは商品の使用価値であるという幻想を伴っている。もっとも，この幻想は，どんなにちがった物品でも同じ価格をもっているし，また同じ物品でも──それの使用価値またはこの使用価値にたいする必要が変わらなくても──いろいろとちがった価格をもっている，という単純な事実には，すでに足をよろめかしているのだが</u>。だが，交換価値と使用価値とは，それ自体としては同単位で計量できない大きさであるため，「労働の価値」「労働の価格」という表現は，「綿花の価値」「綿花の価格」という表現よりも不合理であるようには見えない。<u>労働の売買では，他の諸商品のばあいよりも誤解がいっそう避けられない</u>。第一に，貨幣が労働の購買では支払手段として機能するからである。労働者が支払を受けるのは，彼が労働を提供してしまってからあとのことである。ところが，支払手段としての貨幣の機能には，この貨幣が，提供された物品の価値または価格を，したがって，いま論じている場合には提供された労働の価値または価格を後刻実現する，ということが，概念上含まれている。<u>第二に</u>，労働者が資本家に提供する使用価値は，実際には彼の労働力ではなく，労働力の特殊な機能，特殊な内容の労働であり，裁縫労働，製靴労働，紡績労働

第6章　労賃という現象形態の「必然性」「存在理由」の解明

等々なのである。その同じ労働が，別の面からみれば，他方では，一般的な価値形成要素であり，他のすべての商品から区別される属性をもっている，ということは普通の意識の領域の外である。」(傍線は筆者による)

　以上，傍線をほどこした部分は，初版に存在し，そしてまた第二版に至って削除された，主要の部分である。
　みられるように，初版での叙述は，まず「諸商品のあらゆる売買は，さらに，支払を受けるものは商品の使用価値であるという幻想を伴っている」という前置きの文章が存在している。そして，この内容を受けて，「労働の売買において」は，さらに避けられない誤解の根拠を「第一」「第二」と順序だてて，整理されている。
　第二版では，これら傍線部分は削除される。なぜ削除されることになったのだろうか？これにかんして考察を加えた論稿はひとつもない。したがって，ここでひとつのありうる仮説を提示しておこうと思う。
　その説とは，初版『資本論』の叙述上においてテキスト上の矛盾があったとするものである。どのテキスト同士が矛盾するのだろうか？初版『資本論』では，次のような叙述も見られる。下の引用文中の傍線を施した部分を読まれたい。

　とにかく，「労働の価値および価格」あるいは「労賃」という現象形態は，現象となって現れている本質的な関係すなわち労働力の価値または価格とは，区別されるものであって，こういった現象形態については，あらゆる現象形態とこの形態の隠れた背景について言えることがそのまま言えるわけである。現象形態のほうは，世間並みの思考形態として直接に自然発生的に unmittelbar, spontan 再生産されるが，この形態の隠れた背景のほうは，科学によって初めて暴露されなければならない。古典派経済学は，真実の事態にほぼ触れてはいるが，かつてこれを意識的

171

に定式化したことがない。古典派経済学は，ブルジョアの皮にくるまれているかぎりは，このことができないのである。」(傍線は筆者による)[42]

みられるように，「現象形態のほうは，世間並みの思考形態として直接に自然発生的に再生産される」という部分がある。ここでマルクスが問うているのは，労賃という現象形態がどのように発生するか，ということである。それはマルクスが書いているように「直接に自然発生的に」生まれるものである。しかし，「必然性」「存在理由」として列挙された諸根拠は，そのようには書かれていない。

むしろ「必然性」「存在理由」の諸根拠は，「他の諸商品」という第一の場合と，「労働の売買」という第二の場合とに，区別されて，あるいは順序だてて列挙されているのである。

順序だてて列挙されているということは，少なくとも「直接に」再生産されるということとは内容を異にしている。言ってしまえば，「必然性」「存在理由」のテキストと，「現象形態」が「直接に自然発生的に再生産される」ことを述べたテキストの間には，矛盾がひそんでいる。

したがって，マルクスは第二版の改訂を行うに際して，この矛盾に気づき，「必然性」「存在理由」のほうのテキストに改訂をくわえたのではないかと思われるのである。

VI 初版『資本論』とそれ以前のテキストとの違いについて

ところで，初版『資本論』とそれ以前のテキストとの間には，労賃形態の発生・存続を違った叙述が存在する。そこで，我々はまず，初版『資本論』以前のテキストを検討し，そこにおいてマルクスが，労賃への転化の根拠をどのようなものとして考えていたのかを研究してみることにしよう。最初に我々が検討の対象とするのは，「1861-63年草稿」の次の叙述である。

第6章　労賃という現象形態の「必然性」「存在理由」の解明

　労働者は資本家が彼の労働能力を，たとえば一週間にわたって，毎日十二時間働かせたときに，はじめて，たとえば，一日とか一週とかの支払いを受け取るのである。したがって，彼の受け取る等価は，彼の十二時間の労働の等価として現われる。(43)

　あるいはまた「1861－63年草稿」には，次のような叙述もある。

　貨幣で表現される労働能力の価値は，労働日全体にたいして労働者に支払われる価格であり，全労働日の直接的価格として現われる。というのは，この，商品の売買はたしかに労働がなされるのよりもまえに行われるが，その支払いは労働がなされたのちに行われるのだからである。(44)

　上記の二つの叙述に一貫して述べられていることは，賃金が，労働力の使用すなわち労働が終ったあとに支払われるのだから，労働力の価値または価格が労働の価格として，あるいは労賃として現れるという，明快な表明である。したがって「1861－63年草稿」の時点においては，マルクスは，労賃への転化の根拠を，ただ賃金の「後払い」だけに求めていたということが分かる。
　次に，『賃金・価格・利潤』（1865年）の内容を検討してみよう。

　……労働者は，自分の労働が遂行された後にその賃金を受取るのであり，しかも彼は，自分が現実に資本家に与えるのは自分の労働だということを知っているので，彼の労働力の価値または価格は，必然的に，彼にとっては，彼の労働そのものの価格または価値のように見える。(45)

　つまりここでは，賃金が「後払い」されるから労働力の価値または価格が労賃に転化するということが述べられている。そればかりではない。労働者は，実際に労働をしなければ賃金をもらえないということを知ってい

173

るのだから，必然的に労働力の価値または価格が労働の価格であると観念してしまうとのことである。ここでは，「1861－63年草稿」と同じく，主として賃金「後払い」によって労賃という現象形態が生成するということが述べられている。

　マルクスが1865年の時点までは「後払い」を労賃への転化の唯一の根拠と考えていたことは判明した。しかし，問題は，なぜ初版『資本論』以前のテキストにおいては賃金「後払い」ばかりが転化の根拠として挙げられているのであろうか？

　それは，これら賃金「後払い」が叙述されている文脈においては，労賃という現象形態の「再生産」ではなく，その「生産」あるいは「生成」こそが問題にされているからである。つまり，労賃という形態がなぜ再生産されているのか，という問いではなく，その形態がなぜ生産されるのか，という問いのもとに書かれているからである。つまり，「1861－63年草稿」および『賃金・価格・利潤』での問いは，初版『資本論』に至って変更されることになったのである。では，なぜマルクスは，初版『資本論』にいたって，問いを変更することを余儀なくされたのか？　それは，初版『資本論』では，それ以前のテキストと違って，歴史的にではなく，論理的に労賃への転化を説くことが要請されたからである。

　労賃という現象形態は，必要労働と剰余労働との区別をなくしてしまう効果をもっている。そして，そうした事態は，マルクスの生きていた時代のみならず現代においても続いているわけである。言ってしまえば，資本主義的生産様式が続く限り，労賃という形態は存続してゆく。このような認識の立場にたつとき，労賃形態について語るためには，その生成あるいは歴史の観点から説明するのではなく，論理的な観点から説明されることを要請されるであろう。そういった理由から，初版『資本論』では，歴史的にではなく，論理的に労賃という現象形態の根拠を叙述することになったのである。

第6章　労賃という現象形態の「必然性」「存在理由」の解明

小　　括

　この章では，労賃という現象形態をめぐって，マルクスの問いがどのように変化していったかを問うた。また，マルクスの問いが，どのように叙述を変化させていったのか，ということを考察した。まず第一の問題として，初版『資本論』以前のマルクスのテキストにおいては賃金「後払い」のみをもって，労賃への転化が説明されていたのに，初版『資本論』に至ると，賃金「後払い」以外の根拠が列挙される，というものがあった。これについては，マルクスの問題意識が変化したということをもって説明した。すなわち，「なぜ労賃という現象形態が生産されるか」という問いから，「なぜ労賃という現象形態が再生産されるのか」という問いに移行したためだと結論された。

　次に，初版『資本論』において「必然性」「存在理由」として列挙されている諸根拠は，それらが，労賃という現象形態を「生産」するものではなく，「再生産」するものであると前提してはじめて，正しい解釈にたどり着くことができるということが判明した。

　そしてまた，初版『資本論』から第二版『資本論』にかけて，「必然性」「存在理由」の叙述が改変されたのは，もともと同じ初版『資本論』のテキスト内部において，内容上の矛盾が存在し，その矛盾を解消するため叙述の変更が行われたのだと結論された。　もとよりこの労賃論という部分は，ページ数は少ないながらも，様々な版にかけて，決して少なくはない叙述の改変を受けてきた箇所である。したがって，ひとつひとつの文章，単語にたいして，通常の章よりもはるかに多くの意味が含まれていると考えられる。本章における考察をもって，この労賃論の解釈が決定的に成ったと言うつもりはないが，後世の研究家にとって，この小著の解釈がひとつの参考となれば幸いというほかない。

（１）　剰余価値論の補足であるとするのは，古くは，ローゼンベルク『資本論注解』（1930-1936，なお副島・宇高訳の青木書店版は1962-1964年刊行）や河上肇『資本論入門』（青木文庫，1952）にまで溯る。また剰余価値論の補論であるとともに蓄積論の前提であるとする見解の代表は，服部文男「マルクス労賃論の成立過程について」（研究年報『経済学』第23巻第２号，1961）である。
（２）　Karl Marx/Friedrich Engels: Gesamtausgabe（MEGA), Hrsg. vom der Institute fuer Marzismus-Leninismus beim ZK der SED, Abt2. Band8, Dietz Verlag, Berlin, 1989, S.511.
（３）　中川スミ「労働力の価値の労賃への転化について」（九州大学『経済学研究』第36巻第１・２号，1970年）は，剰余価値論と労賃論との関連を重視する趣旨をもつ。「労働力の価値の労賃への転化の問題の解明は，『資本論』Ⅰ巻第２編〜第６編を」「再構成するものであるというべきであろう。」（同『経済学研究』32ページ）。
（４）　この問題意識にたいする結論は，最終的には本書第７章にもちこされることになる。
（５）　「後払い」という日本語の名詞をこの論争で初めて使用したのは，舟橋尚道「労働の価格とその法則」（『経済評論』1954年８月号，『賃金論研究』に所収）においてである。またこれに続き，金子ハルオが『経済と経済学』（第６号，1960年）に，そして井村喜代子「マルクス賃金理論の方法論について」（『労働問題の現代的課題』ダイヤモンド社，1960年，所収）が続く。さらに1967年には大内秀明が「労賃について」（『唯物史観』第５号）にて「後払い」説を展開するようになる。また，賃金「後払い」説は，賃金論の代表的な教科書である『講座　現代賃金論Ⅰ』（青木書店，1968年）において，労賃への転化の主要な根拠とみなされるようになる。なおマルクスはつねに「労働者が労働した後から支払われる Der Arbeiter wird gezahrt, nachdem er seine Arbeit geliefert hat」と表現し「後払い」とは述べていない。したがって，これを鑑みて，本書では「後払い」と括弧をつけて使用するのが適切であると考える。
（６）　この叙述部分に関する有力な論考としては，前掲の中川論文のほかに，浅野敞「『労働の価格』範疇について」（『経済理論』第76・77号合併号，1964年）がある。また，高橋秀直「労賃形態の必然性について―マルクスの必然性・存在理由―」（『土地制度史学』第64号，1974年）も挙げられる。これらの論考は二つの点において不十分である。第一に，マルクスが労賃への転化の根拠としてものについて成立史的考察を加えていないということである。しかし第二に――これが重要なのだが――「必然性」「存在理由」という概念の意味，あるいはそれら根拠の前提を踏まえていない点で不十分である。
（７）　「賃金」はドイツ語では "der Arbeitslohn" であり，「労働賃金」のことである。これは，賃金が労働に対して支払われるものだとする非科学的な内容を

第6章 労賃という現象形態の「必然性」「存在理由」の解明

含んでいる。小論では「労賃」(Arbeitslohn) と単なる「賃金」(der Lohn) とを区別する。
(8) MEGA II/5, S.437. なお訳文は、『初版 資本論』（江夏美千穂ほか訳、幻燈社）を用いた。
(9) たとえば平野厚生は、とうじ主要な根拠とされてきた賃金「後払い」説を否定する。『資本論』（第4版）で、「貨幣は、支払手段としてのその機能において、提供された物品の価値または価格、すなわちこの場合では、提供された労働の価値または価格を事後において実現するのである」という文言をとりあげて、労働力の価値または価格は、「後払い」される以前に労賃に転化していると説く（平野厚生「労賃論の理論的内容」研究年報『経済学』第30巻第2号、1969年、特に19ページ）。この学説の可否については、行論において示されるであろう。
(10) MEGA II/5, S.437.
(11) MEGA II/5, S.437-439.
(12) MEGA II/5, S.437. なお引用は、『資本論』の初版（1867年）より行なった。この部分にかんしては、初版とそれ以降の版との叙述は若干ちがっており、また『資本論』以前の諸テキストと初版『資本論』との異同を表わすためにも、それは必要なことだと思われたからである。
(13) MEGA II/5, S.439.
(14) G. W. F. Hegel, Wissenscaft der Logik（G. W. F. ヘーゲル『大論理学』中巻、武市建人訳『ヘーゲル全集』7、岩波書店、244ページ）。「ヘーゲル弁証法が（事物を）神秘化する側面を、私は30年ほど前に、それがまだ流行していた時代に批判した。ところが、私が『資本論』第1巻を仕上げようとしていたちょうどそのときに、いま教養あるドイツで牛耳をとっている、不愉快で不遜で凡庸な亜流どもが、ちょうどレッシングの時代に勇ましいモーゼス・メンデルスゾーンがスピノーザを取り扱ったように、すなわち「死んだ犬」としてヘーゲルを取り扱っていた。それゆえ私は、自分があの偉大な思想家の弟子であることを公然と認め、また価値理論にかんする章のあちこちで、彼に固有の表現様式に媚を呈しさえした」(MEGA II/6, S.709.)。だが、マルクスがヘーゲルに「媚びて」使った用語は、決して価値理論の分野に限られないのである。
(15) マルクスは明らかに「労働の価格」の歴史性と論理性を区別している。第17章でマルクスが問題にしているのは、論理的な意味での「労働の価格」である。論理的な意味での「労働の価格」を問題にする以上、「労働の価格」は歴史的に、はるか以前から存在していなくてはならない。だからこそ、「必然性」「存在理由」は、労賃形態を生産または生成させる根拠ではなく、「再生産」する根拠だと断定しうるのである。
(16) *LE GRAND ROBERT DE LA LANGUE FRANCAISE*（Dictionaire

Alphabetique et Analogique de La Langue Francaise, de Paul Robert, Tome Ⅷ, p.4).
(17) MEGA Ⅱ/5, S.451.
(18) MEGA Ⅱ/5, S.435.
(19) MEGA Ⅱ/5, S.437.
(20) MEGA Ⅱ/5, S.433.
(21) MEGA Ⅱ/5, S.437-438.
(22) なお，日本の労働基準法は，賃金を次のように定義している。「この法律で賃金とは，賃金，手当，賞与その他の名称の如何を問わず，労働の対償として使用者が労働者に支払うすべてのものをいう。」(第11条)
(23) MEGA Ⅱ/5, S.438.
(24) ここでは，使用価値にたいして貨幣が支払われるという幻想が問題となっている。この幻想の発生について，高橋秀直は次のように述べている。「交換過程では，労働力の販売と購買は，他のすべての商品のばあいと同様に使用価値と貨幣との交換として現象し，したがってまた商品の価格表現はその商品の『使用価値』の価格として現れるから，労働力のばあいもその使用価値たる『労働の価格』として現れる」(『土地制度史学』第64号，1974年) と。使用価値に価格が支払われる事態というのは，いうなれば，ミクロ経済学において効用にたいして価格が支払われると説かれていることと同様の事態である。この原因を交換過程から探し出すということは，十分な考察に値すると考える。が，使用価値に貨幣が支払われるように現象する事態は，むしろ『資本論』第3部の「三位一体定式」以降の課題であるとも思われる。また頭川博は，『資本と貧困』(八朔社，2010年) において，次のように述べている。「一般に，商品売買は，実物的にあるがままに，使用価値と貨幣との交換としてあらわれる。これにはんして，労働力のばあいには，使用価値が商品体をなし，使用価値と商品体とはおなじである物質的財貨のばあいとちがい，使用価値である労働が商品本体の労働力から分離した存在形態をとる。労働力の売買のばあい，労働者は，本質的には労働力の価値である貨幣とひきかえに，資本家にその使用価値を譲渡する。労賃形態成立の基礎には，物質的財貨とちがって，労働力のばあいは，商品体とその使用価値が分離して，労働だけが外面的にあらわれる事実がよこたわる」(200ページ) と。使用価値と使用価値体とを区別するこの観点には教えられるところが多い。しかし，この観点をつきつめるならば，労働力は理屈を通してのみ把握できる存在だということになる。しかし，労働の能力は，たとえば，見かけや，面接や，資格や，履歴書などによって把握できないだろうか？労働力をあまりに不可知なものと決め付けていないだろうか？
(25) 「この観点」というのは，「支払を受けるものは商品の使用価値だという幻想」のことである。つまり，この幻想を下敷きにしたうえで，「綿花の価格」

第 6 章　労賃という現象形態の「必然性」「存在理由」の解明

や「労働の価格」といった言葉が再生産されると述べているのである。
(26)　MEGA II/5, S.438. なお第二版以降では、この（B）の根拠の直前に「さらに Ferner:」といった接続詞が位置している。つまり、この"Ferner:"は、（B）文言のみにかかるものではなく、（B）（C）（D）を含むこの段落全体にかかることを意味している。つまり、（A）の文言においては、「法的意識」によって「労働の価格」カテゴリーの再生産を行なうことを指摘しているのに対し、次の段落では、経済学の述語を用いて、このカテゴリーの再生産が指摘されているのである。
(27)　MEGA II/5, S.438.
(28)　MEGA II/5, S.438. なお、労賃形態の「必然性」「存在理由」の意味内容を『資本論』形成史という側面から追究する論稿は数多い。しかし、「後払い」関係に注目してこの部分の形成史研究へ及んだものとしては、わずかに大内秀明「『労賃について』」(『唯物史観』第 5 号、1967 年）が見いだせるのみである。マルクスの『資本論』以前のテクストにおける「後払い」の取り扱い方と、『資本論』におけるその取り扱い方とは異なっている。この論点については後述する。なお著者は、拙稿「『労働力の価値また価格の労賃への転化』について」(『経済と経済学』第 80 号、1996 年）において、唯一、賃金「後払い」のみが、労賃への転化の根拠をなす、と述べたが、これは誤りであった。むしろ、労賃形態の「必然性」「存在理由」は、労賃という現象形態を、「生産」するものではなく「再生産」するものだととらえてこそ、すべての根拠が理解可能なものとなるのである。
(29)　MEGA II/5, S.438.
(30)　まず第一に労働力商品が売り渡され、第二にそれが生産過程において使用される。この二つの内容をマルクスは『経済学批判要綱』において「資本と労働のあいだの交換」における「二つの過程」と呼んでいる。労賃への転化とはこの「二つの過程」が混同されることから生じるものだとする観点から理論展開を行ったのが宮沢俊郎「労働賃金形態と『資本と労働との交換』」(『一橋研究』第 15 巻第 3 号、1990 年、『価値と資本概念形成』青木書店、1993 年に所収）である。宮沢は、「二つの過程」が混同される理由として賃金「後払い」の役割を指摘している。また宮沢は、労賃への転化に対する「後払い」の積極的な作用を認める一方で、根源的には（A）「法的意識」において「労働の価格」という表象が生じる事情が説明されているのだと主張する（同書、210 ページ）。これに対する本格的な論及は小論では差し控えるが、(A)「法的意識」および(c)賃金「後払い」といった根拠は、他の根拠と同じく、「労働の価値または価格」という現象形態を再生産するものであり得ても、そうした表象を根源的に生み出す根拠となるものではない。
(31)　MEGA II/5, S.438.

(32) MEGA II/5, S.438.
(33) MEGA II/5, S.438.
(34) 古典派経済学が労働の二重性を意識的に把握していなかったことは周知のとおりである。そのため，ある場合には労働の価値形成的な性格を，またある場合には労働の有用的性格をもちだすことになるのである。このことは，リカードウの場合にも見られる。リカードウは『経済学および課税の原理』第20章において，使用価値と交換価値との区別を理解しないJ. B. セーとの論争に苦心している。
(35) これには次のような文言が続いている。また，資本家にとっても「できるだけ多くの労働をできるだけ少ない貨幣で」（MEGA II/5, S.439）。労働者から絞り取ることが重要である。しかしその労働が価値の形成要素であるということは，やはり彼の意識の外である。なぜなら資本家の頭にあるのは，「単純な詐取」（MEGA II/5, S.439）による利潤という観念だけだからである。「普通の意識」が労働の価値形成的性格を見抜けないのであれば，資本家としては，自分の利潤は労働をふだんより安く買えたことに起因させて考えるであろう。すなわちこの叙述は（D）文言の派生的説明なのである。
(36) MEGA II/5, S.439.
(37) 時間賃金の場合「労働の価格が与えられていれば，日賃金や週賃金は日労働や週労働の量によって定まる」（MEGA II/5, S.444.）のであるから，第17章のこの記述は時間賃金のことを指していると見なしてもよかろう。
(38) 「出来高賃金の場合には労働時間の価格は一定の生産物量によって計られるとはいえ，日賃金や週賃金は，それとは反対に，労働者たちの個人差［…］につれて，違ってくる」（MEGA II/5, S.450.）のであるから，本文に掲げた第17章の文言が出来高賃金を指しているとみなしてよいと考える。
(39) MEGA II/5, S.439.
(40) 平野厚生はマルクスの「提供された労働の価値または価格をあとから実現する」という文言をとらえて，次のように述べる。「みられるように，『提供された労働の価値または価格』が，労働を提供した後から実現されると書かれている。それは，労働力の価値が，『後払い』によって，『労働の価格』として現われるようになるというのではない。それはすでに『転形』してしまった『労働の価格』の問題である。労働の価格が労働の為しおわった後から，貨幣の支払いをうけとるというのである。したがって，労働力の価値または価格は，『後払い』に先立って，すでに『転形』されて『労働の価格』とされている」（平野厚生「『労賃』論の理論的内容」研究年報『経済学』第30巻第2号，1969年，19ページ）と。この指摘は正しい。というのは，労賃形態の「必然性」「存在理由」として列挙された根拠は，「後払い」も含めてすべて，その現象形態を「生産」するものではなく「再生産」するものだからである。

第 6 章　労賃という現象形態の「必然性」「存在理由」の解明

（41）　ジャック・ビデは，最初の二つの根拠（「法的意識」と「使用価値と交換価値の通約不可能性」）では，労働力の売買と商品の売買との区別を認識することを妨げているから，労賃への転化が生ずるとしている。また賃金「後払い」についていえば，それは，賃金を「後払い」するということで「イデオロギー的形態を支える経済的行為の特殊な秩序を形成する」（ジャック・ビデ『資本論をどう読むか』今村仁司ほか訳，法政大学出版局，1989年，291ページ）と述べている。たしかに，賃金「後払い」説が，労賃という現象形態すなわちイデオロギーを形成するという効果を否定することはできない。しかし，それはあくまでも，そのイデオロギーをヨリ強力に再生産するという前提のものにおいてのみ言えることである。
（42）　MEGA II/5, S.439.
（43）　MEGA II/3. 6, S.2112. なお訳文は，『マルクス資本論草稿集⑨』（資本論草稿集翻訳委員会訳，大月書店）を用いた。以下同じ。
（44）　MEGA II/3. 6, S.2151.
（45）　MEGA II/4. 1, S.415.

第7章　『資本論』における労賃論の成立過程

I　問題の所在

　マルクスの『資本論』第1部の構成は，第1篇の商品・貨幣論，第2篇の労働力商品論，第3篇から第5篇までの剰余価値論，第6篇の労賃論，第7篇の蓄積論とによって構成されている。このうち第6篇の労賃論が，先行する剰余価値論の補論であるのか，それとも剰余価値論の補論であると同時に蓄積論の前提でもあるのか，といった論争が存在する。

　労賃論が剰余価値論の補論であるとする見解の嚆矢はローゼンベルグの『資本論注解[1]』である。彼による労賃論の位置づけによれば「剰余価値論がそびえ立つ土台は動揺しないばかりか，ここでいっそう補強されるのである[2]」。この見解は我が国では河上肇に受け継がれ[3]，さらには現代の賃金論の主要論客にも受け容れられている[4]。他方では，労賃論が剰余価値論の補論であることを認めつつも，同時に第7篇蓄積論への前提をなすものだという見解も提出されている。たとえば服部文男はつぎのように述べる。「第六篇『労賃』は，一面において，第二篇のいわば本質規定の現象形態を明らかにする意義を有するとはいえ，他面において，第七篇への媒介項をもなすものである[5]」と。

　ところで現行版『資本論』の第6篇「労賃」は，1867年に発行された初版においては「第5章（再版以降の第5章に相当）絶対的および相対的剰余価値の生産に関するさらに進んだ研究」の第4節に収められていたのであって，蓄積論（初版の第6章）や剰余価値論（初版の第3章〜第5章）などとは，篇別構成上，対等の位置関係をもっていなかった。ところがドイツ語第2版以降労賃論は一篇として独立し，「第6篇」の位置づけを与えられ

るに至る。なぜ労賃論は独立したのか。この問題をめぐっては幾人かの論者によって，およそ30年前に論点が惹起され，現在もまだ論争が続いているという状況にある。労賃論の独立をめぐるこの論争が活発であるのは，その問題の解決が先述の「労賃論の意義とは何か」という問題への最良の接近方法をなすものと思われているからであり，また実際そうだからである。

したがって我々はまず，先学にならい労賃論がドイツ語第2版以降なぜ独立するに至ったのかを研究してみることにしよう。そうすればその研究過程で，「労賃」篇の『資本論』第1部全体に対する意義も明らかになるに違いない。

労賃論は何故ドイツ語第2版に至って独立したのか。この問題を解決するためには，ドイツ語初版『資本論』(1867年) とドイツ語第2版『資本論』(1872-73年) とにおける労賃論の内容を比較するのが妥当だと思われる。

ところでドイツ語第2版の労賃論に大幅な改訂が施されているという事実は意外に知られていない。いやむしろ，知られてはいたが学問的認識の対象とはならなかったと言ったほうが適切であろう。ドイツ語第2版の巻末には「第1巻への補遺 Nachtrag zum ersten Band」と称される部分があり，その「II. 追加注 Zusätzliche Noten」の所には『資本論』第1部第2版第20章「労賃の国民的相違」脚注第66に対する追加注 (13) が掲載されている。その内容は，イギリスと欧州大陸諸国の賃金と労働に関する，工場監督官A・レッドグレーヴによる報告と，同じくイギリスと欧州大陸諸国における紡績業の紡錘数に関する二種類の比較一覧表である。この追加注 (13) は現行版『資本論』では，第20章「労賃の国民的相違」の脚注ではなく本文として読むことができる。我々はこの追加注 (13) による労賃論の拡充を，労賃論独立への重要な契機とみなして研究を行ってみようと思う。

第 7 章　『資本論』における労賃論の成立過程

　だが，この追加注（13）を労賃論独立の契機と見なすにあたって，無視できないひとつの難点を前もって解消しておかなければならない。その難点とはつぎのようなものである。追加注（13）は「第1巻への補遺」に属している。つまり労賃論が篇別構成において独立した後に書かれたものだということである。なぜならマルクスが篇別変更を行って労賃論を独立させたその時点で書かれたものならば，「補遺」にではなく労賃論の本来のページに掲載されていたはずだからである。したがって追加注（13）は労賃論が独立した後に書かれたということになる。すると労賃論独立の契機とははじめからなり得ないのではないかとも考えられるのだ。
　しかし，ひとたびドイツ語第 2 版『資本論』の成立史を回顧してみれば，その「追加注」（13）が重要な意味を帯びはじめるのである。

　　　いま，パリで刊行されつつあるフランス語版を校訂するにあたって，私は，ドイツ語原文のいくつかの部分について，ある箇所ではもっと徹底的に書きかえることが，他の箇所では文体をもっと改めることが，あるいはまたときどきある書き違いをもっと入念に取り除くことが必要だったと感じている。それをやるためには時間がなかった。[10]

　これはドイツ語第 2 版の後記に書かれたマルクスの言葉である。つまりドイツ語第 2 版『資本論』とは「時間がなかった」ため，なされるべき改訂のなされなかった版なのである。特に労賃論（初版の第 5 章第 4 節，第 2 版の第 6 篇）についてはそうであった。これに対してレッドグレーヴ[11]の報告が掲載された『工場監督官報告書』をマルクスが最初に手にしたのは 1867 年のことであり[12]，第 2 版改訂作業の始まるずっと前の時期であった。以上から次のことが推定できる。
　マルクスは労賃論を独立させるにあたって，レッドグレーヴの比較一覧表を何らかの形で叙述に盛り込もうと考えていた。しかし，「時間がなかった」ため標題変更およびその他の小さな叙述上の改変しか行えず[13]，レッド

185

グレーヴの報告並びに紡錘の比較一覧表の紹介は後回しにされ，そうした経緯を経てそれは追加注（13）として「第1巻への補遺」に収められることになったと考えられるのである。だから，たとえ追加注（13）を実際に執筆したのが労賃論独立の後であったとしても，篇別変更を行うその時点では，レッドグレーヴの報告並びに比較一覧表が労賃論独立の契機としてマルクスの念頭に置かれていた可能性を否定することはできないのである。

しかし以上の推論が完全に証明されるためには，追加注（13）が労賃論を独立させるに足るだけの理論的契機をそもそも有していたかどうかが明らかにされなければならない。

だがその前に『資本論』成立以前の草稿において，労賃論がどのように誕生したのかが研究される必要がある。それは，初版『資本論』における労賃論の意義を知るためである。⁽¹⁴⁾ドイツ語第2版に至って独立した労賃論が受け取ることになる新しい意義は，そもそも初版においてそれが有していた意義との比較において確定されなければならないのである。

ところで，あらかじめ注意しておかねばならないことがある。それは，当の追加注（13）の内容が追加されたことをもって，単純にそれが原因となって労賃論の篇別変更をもたらしたとは考えてはならないことである。我々が本篇で追究するのは，いかなる問いの変更がマルクスのテキストの内容的・形式的変遷を惹起せしめたか，ということである。したがって，追加注（13）が結果として労賃論の篇別構成に変更をもたらしたとしても，その因果関係の仲介として，問いの変更が横たわっているはずなのである。このことに着目しながら，念入りに研究を進めてゆこう。

II 『資本論』（初版）における労賃論の意義

1 「1861－63年草稿」における労賃論の誕生

1862年12月に書かれたとされる「『資本論』第1部または第1篇のプラン」[15]においては，いわゆる労賃論についての事柄はまったく触れられてい

ない。ところが実際には，そのプランの「第1篇　資本の生産過程」のうち「五，絶対的および相対的剰余価値の結合。賃労働と剰余価値の比率。資本のもとへの労働の形式的および現実的包摂。生産的および不生産的労働」に沿った内容を実際に執筆している最中，マルクスは叙述を具体的かつ詳細に展開する必要に応じつつ，ところどころで労賃の内容の執筆へと踏み込んでいったのである。つまり当初マルクスは，労賃論を「賃労働の部」のなかにすべて押し込んで，「労働力の価値または価格の労賃への転化」や「時間賃金」・「出来高賃金」といったテーマを「資本一般」の設定から外そうと考えていた。しかし叙述を詳細に展開することの必要から，労賃論の内容に踏み込むことを促され，「例外として引き合いにだすだけ」(17)と断りつつも，ところどころに労賃論の内容が芽生え始める。総じて「1861－63年草稿」では，初版『資本論』における労賃論の主要な内容がすでに形成されているのだが，ここでは草稿の内容を実証的に検討してみよう。

a）時間賃金の導入

　初版『資本論』における第5章第2節「労働力の価格と剰余価値との量的変動」に該当するマルクスの草稿は「XX」と銘打たれたノートのなかに存在している。「ノートXX」において相対的剰余価値の叙述が終わるや，その後に「h［相対的および絶対的剰余価値］」の内容が書き綴られ，その後［労賃と剰余価値との関係］という分野に踏み込んでいる。これは，1862年12月のプランにおける「五，絶対的および相対的剰余価値の結合」と題された部分に含まれる「賃労働と剰余価値の比率」に該当するものである。マルクスはこの部分を具体的に叙述する必要に応じつつ，労賃論の内容にも「例外的」にではあるが，踏み込んでいるのである。マルクスはまず，労働日の長さを所与とし，「その生産物が労働者の再生産過程にはいっていくいっさいの部門」において生産力が高まったという条件のもとで，それが労賃と剰余価値との比率をいかに変動させるかを考察する。それに引き続いて，マルクスは，労働の生産力は同じままで労働時間が増加した場合，労働力の価値と剰余価値とが比率的にいかに変動するかという

考察を三つのケースをわけて行っている。その三つとは,

　（一）労働時間の絶対的な延長がそっくりそのまま資本家によって取得される場合《中略》（二）労働時間は延長されるが，支払労働と不払労働の割合は同じままである場合《中略》（三）超過時間がたしかに資本家と労働者のあいだで分配されるが，しかし，その分配の割合は，いままでの支払労働時間と不払労働時間のあいだの割合と同じでない場合[20]である。

（一）労働時間の延長がすべて資本家のものになる第一の場合。
　この場合には，当然のことながら，剰余労働が絶対的に増え，したがって必要労働の割合は減少する。マルクスは必要労働の減少という事柄を，時間賃金の計算方式を用い「１労働時間の価格」の低下として確認する。

　労働日全体は10時間であるとしよう。また，必要労働時間は６時間であるとしよう。最後に１労働時間は６ペンスに対象化されるとしよう。労働者は，10労働時間とひきかえに，６時間の生産物に等しい36ペンスすなわち３シリングを受け取る。そうすると，つまり１時間の価格または価値《中略》は3/10シリングすなわち$3\frac{3}{5}$ペンスになる。[21]

　いま，剰余労働が４時間から６時間に，つまり２時間だけ延長されたとしても，労働日の価値は，これまでと同様に，労働能力の価値に等しい３シリングという額である。労働時間１時間の価格は，いまではたった3/12シリングすなわち３ペンスにすぎない。つまり，$3\frac{3}{5}$ペンスから３ペンスに，すなわち3/5ペンスだけ下がったのである。[22]

　以上のように，同じ額の日賃金（３シリング）を二種類の労働時間数（10時間と12時間）で割り，それぞれの１時間労働の価格を算出し，両者を

第7章 『資本論』における労賃論の成立過程

比較して，より長い労働時間で割ったほうが，1時間労働の価格は下がっていることを指摘している。そして，つぎのように結論づける。

　要するに，労働日の絶対的な延長によって剰余労働にたいする必要労働の割合に変化が生じるが，この変化は，現象的には，ある一定分量の労働の，この場合は1時間労働の価格または価値の下落として現れるのである[23]。

(二) 超過労働時間につき労働者に対して従来の割合で分配される第二の場合。
　この場合には，はじめから「1労働時間の価格」が算定されていなくてはならない。すなわち「1労働時間の価格」は$3\frac{3}{5}$ペンスであるから，2時間の超過労働時間に対して労働者は$7\frac{1}{5}$ペンス受け取るわけである。この場合には労賃の価値も増大し剰余価値も増大しているが，両者の比率にはなんの変化も，それゆえにまた相対比としての剰余価値にも相対比としての労賃にもなんの変化もみられないのである[24]。

(三) 超過労働時間につき労働者に対して従来と違った割合で分割される第三の場合
　たとえば2時間の超過時間のうち最初の1時間について労働者は6ペンスの支払いを受けるが，後の1時間についてはまるごと資本家の懐に収まってしまうとする。その場合，労働力の価格と剰余価値との比率はいかなる変動を示すのであろうか。

　労働者は，いまでは12時間とひきかえに3シリング6ペンスを受け取る。これは，1時間あたりでは，以前の$3\frac{3}{5}$ペンスにかわって$3\frac{1}{2}$ペンスになる。つまり労働の価格は，1/10ペンスだけ下がったが，労賃のほうは，3シリングから3シリング6ペンスに増えた。したがって，ここでは《中略》，労働の価格は下がりながら労賃の上昇が生じ，一方，剰

余価値は，労働の価格が下がるのと同じ割合で増えるのである。[25]

　以上のように，マルクスは，労働時間が増加した場合，そのことが労働力の価格と剰余価値との比率をいかに変動させるかをまず考察して，さらにその考察結果を時間賃金の計算方法を用いて確認している。そしてこのような計算方法を用いることの重要性についてつぎのように語る。

　労賃の運動に結び付いたなんらかの問題を解くためには，労働の価値または労働の価格という，労働能力の価値が実際に，かつ直接の手でつかめる姿で現れるこの形態を，以上のようなやり方で分析することが必要である。[26]

　すなわち現実には種々雑多な形で現れる賃金問題を理解するためには，生産性の増加や労働時間の増加によって変動する「労働力の価格と剰余価値との比率」をまず土台に据えて，さらに時間賃金などの労賃形態を媒介として組み合わせてみることが必要だとマルクスは述べているのである。このように時間賃金という労賃形態が，「労働力の価格と剰余価値との量的変動」に該当する部分を補説するものとして誕生しているということは初版『資本論』における労賃論の意義を考えるうえで貴重な示唆を与えるものである。

b）「時間賃金」を導入するにあたっての批判的考察

　メガ編集部によって表題付けされた「[労働の価値または価格という，労働能力の価値の転化した形態]」[27]という部分は，「時間賃金」を叙述に導入した後に，「労働の価格」の質的側面についてマルクスが行っている批判的考察である。マルクスは『経済学批判要綱』（1857-58年）の時点ですでに，「労働の価値」が事実上「労働能力の価値」にほかならないことを発見していたが，「1861-63年草稿」では逆に，「労働能力の価値」という本質規定をふまえつつ「労働の価値」という概念を吟味することになる。

第 7 章　『資本論』における労賃論の成立過程

　上述の場合の考察をもとに，ひきつづいて労働能力のもう一つ別の表現様式にすすもう。これは当面の資本の分析ではあまり重要ではないが，反対に労賃を特別に考察するさいにはきわめて重要になる。[28]

　既述したとおりマルクスは，労働時間延長の場合における「労働力の価格と剰余価値との比率変動」を説明するために時間賃金の範疇を用いたのだが，その範疇は「当面の資本の分析ではあまり重要ではない」と述べて，「資本一般」の範囲に属さないことをまずは確認している。ともあれ「労働の価格」という範疇を使用することに慎重をもって臨むマルクスは，まず「労働の価格」への批判から考察を開始する。
　「労働の価値は不変であって，ただ，労働に支払われる商品の価値だけが変動するのだ」といったアダム・スミスやマルサスの主張を取り上げて，[29]こうした主張は「途方もないことである」と批判している。[30]さらに「商品交換の法則では，より多い労働とより少ない労働との直接的な交換ということは絶対にありえないこと」であるから，[31]「これまでのところ，労働の価値のことは一度も語ら」なかったと述べている。[32]
　他方でマルクスはこのように「労働の価値」なる範疇が矛盾に満ちたものであることを承知しながら，その矛盾が実在することに重きを置く表明を行っている。

　3シリングは，ただ6時間労働の生産物でしかないにもかかわらず，12時間の1労働日の価値なのである。こうした現われ方をする労働の価値，価格は，価値の概念と直接に矛盾する一つの独特な表現である。しかしながら，この矛盾は実在する。この矛盾はこれまで展開してきた一連の中間項によって解決されている。現実には，この関係は無媒介に現われ，それゆえ，労賃は，生きた労働のある一定分量の価値または価格として現われる。労賃をその現実の運動のなかで考察するさいには，この形態が重要になる。さらにそれは，理論上の多くの誤った理解を解き

191

あかすためにも重要である[33]。

　マルクスは,「労働の価格」という範疇が不合理になることを批判しつつ,その矛盾が実在し,しかもある場合には理論上の重要性さえ存在すると述べる。メガ編集部によって「[労働の価値または価格という,労働能力の価値の転化した形態]」と名付けられたこの部分が,「労働の価格」という,不合理ではあるが一面では重要な現象形態を使用するにあたっての,マルクス自身による批判的考察をなしていることは明らかである[34]。

　以上を要約すれば,つぎのようになる。マルクスは,「労働力の価格と剰余価値との量的変動」に該当する部分の草稿内容を補説するために,時間賃金の範疇を採用することについて,批判的考察を行っている。これらは,初版『資本論』における労賃論の内容を構成する重要な諸契機をなしているが,銘記すべきは,それらの諸契機が初版の第5章なかんずく第2節「労働力の価格と剰余価値との量的変動」に直接関連する形で誕生しているということである。こうした出自は,初版における労賃論の意義を考えるうえで有益な示唆を提供しているが,それが,次の課題となる[35]。

2　初版『資本論』における労賃論の位置とその意義

　前節で示されたように,労賃論の内容は「1861-63年草稿」における「[労賃と剰余価値との関係]」(現行版の第15章「労働力の価格と剰余価値との量的変動」)を取り扱った記述部分の叙述を補説するものとして誕生した。この出自から,労賃論は,第5章に含まれ,その第4節に位置づけられることとなる。

　　第5章　絶対的剰余価値と相対的剰余価値の生産に関する
　　　　　　さらに進んだ研究
　　　　第1節　絶対的剰余価値および相対的剰余価値
　　　　第2節　労働力の価格と剰余価値との量的変動

第7章　『資本論』における労賃論の成立過程

　　第3節　剰余価値率の種々の定式
　　第4節　労賃という形態に転化した労働力の価値または価格
　　　（a）形態転化
　　　（b）労賃の二つの基本形態——時間賃金と出来高賃金。

　第5章の第4節が，第5章における先行内容の補足であるというのには，つぎの意味がある。それは第4節（b）「労賃の二つの基本形態——時間賃金と出来高賃金。」が，先行する第2節「労働力の価格と剰余価値との量的変動」を補説するということである。そのことは，第5章第4節（b）項の冒頭付近におかれた次の文言に表されている。

　　そこでまず言っておきたいのは，本章の第2節で述べた労働力の価格と剰余価値との量的変動に関する諸法則は，簡単に形を変えることによって労賃の諸法則に転化するということである。[36]

　この文言は初版の第5章第2節「労働力の価格と剰余価値との量的変動」と第4節「労賃という形態に転化した労働力の価値または価格」との関連を示すものである。第5章第2節の目的は，生産力の変化，労働日の長さの変化，強度の変化のそれぞれを条件として与えて，「労働力の価格と剰余価値」とが量的比率においていかに変動するかを理論的に観察するというものであった。上記の引用において指示されているのは，つぎのようなことである。すなわち現実の種々なる賃金問題を解明せんとして「労働力の価格と剰余価値との量的変動」における本質的諸規定を用いる場合，現象面における範疇である「時間賃金」等の諸規定を補完し，組み合わせて考えよということである。

　このような組み合わせは，既に説明したようにまさしく「1861－63年草稿」のなかでマルクスが行っているところのものである。また，賃金にまつわる様々な問題を理解するために，『資本論』を繙く必要に迫られた読

193

者が第5章第2節「労働力の価格と剰余価値との量的変動」における諸規定を現実に適用して考えようとする場合，第4節の「労賃の二つの基本形態——時間賃金と出来高賃金。」の叙述は，そのための適切な媒介となるであろう。

また上に掲げた構成のなかには，「（a）形態転化」という項目が配置されている。これは周知のように現行版『資本論』では第17章「労働力の価値または価格の労賃への転化」に該当する部分である。ここでは，時間賃金や出来高賃金といった労賃の諸形態を論ずるまえに，まずもって，そもそも「労賃」とはいかなる範疇であるか，それが価値法則に対していかに矛盾しているか，といった労賃範疇に対する批判が述べ立てられている。したがってこの項目「（a）形態転化」が，「1861-63年草稿」における「時間賃金」導入のための批判的考察をその源泉の一つとしていることは明らかである。

以上の意味で，第5章第4節「労賃という形態に転化した労働力の価値または価格」は，第5章なかんずく第2節「労働力の価格と剰余価値との量的変動」の補論と意義づけることができるのである。

Ⅲ　なぜ労賃論はドイツ語第2版で独立したのか

初版『資本論』において労賃論は第5章「絶対的および相対的剰余価値の生産に関するさらに進んだ研究」の第4節に収められていた。それはつぎのごとくである。

　　第5章
　　　　第4節　労賃という形態に転化した労働力の価値または価格
　　　　　　（a）形態転化
　　　　　　（b）労賃の二つの基本形態——時間賃金と出来高賃金。

第7章　『資本論』における労賃論の成立過程

この形式区分はドイツ語第2版ではつぎのように改編されることになる。

第6篇
　第17章　労働力の価値または価格の労賃への転化
　第18章　時間賃金
　第19章　出来高賃金
　第20章　労賃の国民的相違

労賃論が「第6篇」として独立した経緯に付随して認められるのは，第一に初版では第4節（ｂ）「労賃の二つの基本形態――時間賃金と出来高賃金。」と称されていたものが，それぞれ独立して第18章「時間賃金」，第19章「出来高賃金」に分かれたことである。第二に，「労賃の国民的相違」という新しい区分が，「第20章」として誕生している。初版ではこの部分は（ｂ）「労賃の二つの基本形態――時間賃金と出来高賃金。」の末尾に付された，わずか3段落からなる余論であった。この余論には形式的な枠や表題が与えられていないが，我々はこれを「労賃の国民的相違」論と呼ぶことにしよう。ところでドイツ語第2版では，この「労賃の国民的相違」論が第20章として独立するにともなって，既に記したとおり，脚注66に追加注（13）が補われている。この追加注の内容はいかなるものだったのだろうか。またそれが何故に第20章の独立につながったのであろうか。

1　初版から第2版にかけての「労賃の国民的相違」論における叙述の変化

（ａ）初版『資本論』における「労賃の国民的相違」論の内容検討

　初版『資本論』における「労賃の国民的相違」論は，ｂ）「時間賃金と出来高賃金」という項目の末尾に付された，わずか3段落からなる余論である。ここでは「労賃の国民的相違」論を，段落構成に従って三つの部分に分け，それぞれを要約してみることにしよう。[37]

195

《第一段落》剰余価値と比較した相対的労賃の計算方法——時間賃金と出来高賃金

　国々の相対的労賃を計算し比較するためには，さしあたりそれぞれの国における，労働日，生産性，強度の組み合わせの相違を考慮しなくてはならない。したがって相対的労賃の大きさを比較するためには，まず日労働の賃金を時間賃金に直さなくてはならない。時間賃金を算出することによって各国における日賃金は比較可能なものとなる。また，各国における生産性と強度の違いを勘案して時間賃金を出来高賃金に換算する。「なぜならば，労働の生産性についても労働の内包的な大きさについても，測度器になるのは出来高賃金だけだからである」[38]。そうすれば，出来高一個の価値の内部には，不変資本部分を捨象すれば，労働者が出来高賃として受け取る額と資本家が搾取する額とが比率的に明確に表わされることになる。すなわち各国の労働者の，剰余価値と比較した相対的労賃が算出されることになる。

《第二段落》名目賃金と相対的労賃

　世界市場では，強度のより大きい国の生産物は，強度の度合いに比例して，強度のより小さな国の生産物よりも多くの貨幣をもって評価される。すなわち，「より強度な一国の労働日が，より長い時間数の労働日として，外延的により長い労働日として，計算される」[39]。また，強度の高さによってではなく生産性の高さのゆえ大量かつ安価に作られた商品もまた，世界市場では，高い強度によって作られた生産物として見なされ評価を受けるのである。したがって，「より強度でより生産的な一国の労働日は，一般的に言って，世界市場では，強度または生産性がよりわずかな一国の労働日に比べて，より多くの貨幣表現で表される」[40]。

　生産性の高さも強度の度合いも他国に秀でている国の労働日あるいはその生産物は，世界市場では高い貨幣評価を受ける。ところで「労働日についてあてはまることは，労働日の加除部分についてもあてはまる」[41]。したがって，生産物の価値の一部分を占めている可変資本部分は，生産物が高い価値評価を受けるほど，名目的には高くなる。つまり名目賃金は高くな

る。むろん，強度や生産性が高いということは，相対的労賃が低いということを意味するのだが，そのことは，名目賃金が高くなることを妨げるものではない。

《第三段落》ケアリ批判

H. ケアリは，労賃の高さが国民的労働日の生産性の程度に正比例することを証明しようとするが，これは「剰余価値の生産にかんするわれわれの全分析[42]」からみて間違っている。というのは，生産性や強度が高ければ，商品価値に占める労賃部分（必要労働部分）の割合は小さくなり，相対的労賃は低くなっているのが常だからである。しかも彼がかき集めた資料でさえ，彼の正しさを証明していない[43]。だから彼は，先進国の労働者の相対的労賃が低い原因を，国家による徴税のせいにしている。

ケアリは，国家の経済への干渉である保護貿易が，自然と理性の調和の防衛という必要性に由来するのだと考える。それならば同じく国家の干渉である徴税もまた「自然と理性との調和」に由来すると考えてはどうかと，マルクスは嘲弄ぎみに促している。さらにリカードウの分配定理は現実の社会対立を表現しているのではなく，むしろいたずらに社会対立を煽るものだとケアリは考えている。またケアリは，資本主義的生産様式の生来の美しさや調和を損なうものは，究極的には商業であると考えている。

最後にマルクスは「このような恐ろしい無批判とこのようなにせの学識とで固めた男だったからこそ，その保護貿易論的異端にもかかわらず，バスティアやその他すべての自由貿易的楽天家たちの調和論的な知恵の秘密の源泉となるのに値したのである[44]」と結んでいる。

以上の粗筋から，この「労賃の国民的相違」論の趣意は，ケアリの「このような恐ろしい無批判とこのようなにせの学識」を暴露することだったと言えよう[45]。

まず第一段落では，時間賃金と出来高賃金を用いて，各国労働者の相対的労賃を計算するための計算技術論が説明される。つぎに第二段落では，労働の強度も生産性も高い国の生産物は，世界市場では，国内での価値よ

りもはるかに高い貨幣的評価を受けるということが述べられる。したがって，先進国の労働者は名目的な絶対的労賃は高いが，剰余価値と比較した相対的労賃は低いのである。これはつぎのケアリ批判の論拠をなす。第三段落は，第二段落で示されたケアリ批判の論拠にもとづいてケアリの説（生産性が高くなるほど労賃は上昇する）を批判し，それを皮切りに彼の浅薄な経済的自由主義やリカードウ観等が批判されるのである。

（b）第2版『資本論』第20章「労賃の国民的相違」の脚注66に対する追加注（13）

追加注（13）を検討するまえに，そもそも脚注66とはいかなる事柄に対する脚注であるのかを検討しておく必要がある。なぜなら追加注（13）とはあくまでも脚注66の内容を補うものとして登場しているからである。

脚注66は，初版の時点から既に存在しており，先に要約した《第二段落》「名目賃金と相対的労賃」の内容に関連する形で付け加えられている。第二段落の内容は，労働の平均的強度や労働の生産性の高い国の労働者は，高い名目賃金を得るかもしれないが，剰余価値と比較した相対的労賃は低いということである。第二段落の直後に位置する脚注66は，イギリスを引き合いに出して，その国の名目賃金の高さと相対的労賃の低さとを実証する趣旨をもっているのである。

　　六六『紡績業をきわめて念入りに分析したカウエル氏は，追加報告書（『製造工業にかんする報告書への補遺』）のなかで，イギリスでは賃金が，ヨーロッパ大陸に比べて，労働者にとってはおそらくいっそう高いが資本家にとっては実質上低い，ということを立証しようとしている。』
　　(46)
　……

ここに「労働者」にとっての賃金とは，名目的な絶対的賃金のことを指す。また資本家にとっての賃金とは，言うまでもなく剰余価値と比較した

第 7 章 『資本論』における労賃論の成立過程

相対的労賃のことである。イギリスでは労働者の名目賃金は高いが，剰余価値と比較した相対的労賃は低い。何故か。それは労働の強度が高いからである。したがって，イギリス労働者の相対的労賃が低いということが立証されれば，今度はそのイギリスは労働強度等の点でも他国にまさる国であることを証明しなくてはならない。そしてまさにその趣旨を担った説明こそ，ドイツ語第 2 版『資本論』において初めて付け加えられた追加注(13) なのである。それは次の言葉で始まる。

　　工場監督官 A. レッドグレーヴ氏は，統計上の比較によって，ヨーロッパ大陸の労働は，イギリスの労働よりも，賃金が低く労働日が長いにもかかわらず，生産された価値に比べれば高価である，ということを証明している。[47]

レッドグレーヴ氏の「証明」の特徴は，イギリスと欧州大陸諸国との労働強度に関する比較一覧表を提出している点である。この一覧表は，労働者一人が担当する紡錘の平均数を，労働強度のバロメーターとして各国別に並べたものである。

　　フランスでは　　　14
　　ロシアでは　　　　28
　　プロイセンでは　　37
　　ベルギーでは　　　50
　　ザクセンでは　　　50
　　ドイツ諸小邦では　55
　　バイエルンでは　　46
　　オーストリアでは　49
　　スイスでは　　　　55
　　イギリスでは　　　74[48]

199

見られるようにイギリスが首位で他国の追随を許さず，しかも実際の懸隔の程は統計に表わされているもの以上であるということである。ここでは，イギリス労働者の相対的労賃の安い理由が，労働強度の高さに求められているのである。

　ところでこの追加注（13）には，紡錘数に関するもうひとつの比較一覧表がある。それがこの「労賃の国民的相違」論に新しい意義を付け加え，ひいては第20章が生じ第6篇「労賃」の生まれる契機となったことを我々は見るだろう。だが，ここで断っておかねばならないのはつぎのことである。すでに述べたように，マルクスが第2版の改訂を行った事実的順序とは，まず労賃論を先に独立させておいて，後から追加注（13）を付加するというものであった。外面的事実の時間的順序からいえば，労賃論の独立が先で，追加注（13）の執筆は後であり，逆ではない。だが，我々の最初の想定によれば，マルクスは労賃論を独立させる前に，レッドグレーヴの比較一覧表をまず頭のなかで「労賃の国民的相違」論に付け加え，それにもとづいて労賃論を独立させたのである。だから，この追加注（13）が労賃論の独立を引き起こすというこれからの叙述は，外面的な事実経過を追ったものではなく，マルクスの内面的思考過程の追体験なのである。

（c）ドイツ語第2版における追加注（13）の意味
　レッドグレーヴが提出しマルクスが引用したもう一つの一覧表とは，「一工場あたりの平均紡錘数」と称されるものである。

イギリスでは	12600
スイスでは	8000
オーストリアでは	7000
ザクセンでは	4500
ベルギーでは	4000
フランスでは	1500

プロイセンでは　　　　1500[49]

　ここで「一工場あたりの平均紡錘数」とは，言うまでもなく紡績工場の平均的な大きさを示すバロメーターである。紡績工場が大きいということは，即ち紡績業がそれだけ発展しているということである。だから「一工場あたりの平均紡錘数」が多ければ多いほど，紡績業が発展しているということになる。ところでこの一覧表と，先に掲げた「一人あたりの平均紡錘数」に関する比較一覧表とは，その各国別順序の点でいくつかの類似点が存在する。それは，どちらの一覧表においてもイギリスが首位でありスイスがそれに準じ，フランスとプロイセンがともに最下位近くに位置しているといったことである。つまり二つの一覧表を合わせ読むと，概ね「一工場あたりの平均紡錘数」の多い国は「一人当たりの平均紡錘数」も多く，また前者の数字の少ない国は後者の数字も少ないといったことが分かる。言い換えれば，紡績業の発達している国は労働強度も高く，紡績業が未発達の国は労働強度も低い。すなわち紡績業が発達すればするほど労働強度は高くなるという傾向が見いだされるのである[50]。

　紡績業は当時の中心産業であったから，紡績業の発達と労働強度との関係は，資本主義的生産一般の発達と労働強度との関係を代表していると考えることができるだろう。つまり資本主義的生産の発達にともなって労働強度も高くなるのである[51]。

　ところで労度強度の増加は，剰余価値と比較した相対的労賃の水準を押し下げる。だから，労働強度が資本主義的生産の発達にともなって増加するということは，相対的労賃の水準が傾向的に低下するということを意味するのである。

　それだけではない。相対的労賃とは剰余価値の量と比較した労賃の比率である。したがって相対的労賃の低下は同時に剰余価値率の上昇を意味するものとなる。歴史的傾向としての相対的労賃の低下と剰余価値率の上昇，これこそマルクスがレッドグレーヴの比較一覧表を引用することによって

「労賃の国民的相違」論に与えた新しい内容である。

　「追加注」の形式をとっているとはいえ，ドイツ語第2版でそのような拡充がなされたことを契機として，「労賃の国民的相違」論は，叙述上の論理の脈絡に変化を来すことになる。初版における「労賃の国民的相違」論は，さまざまな経済学的規定をはらみながらも結論としては第三段落の《ケアリ批判》に落着するという脈絡が貫徹していた。しかしドイツ語第2版では，第二段落《名目賃金と相対的労賃》を内容的に補うものとして追加注（13）が付け加えられたことから，結論の重みは，第二段落《名目賃金と相対的労賃》へ移動する。しかも「歴史的傾向としての相対的労賃の低下と剰余価値率の増大」という新しい内容が付け加えられた。

　第二段落の内容に関して加筆補充が施されたことで，「労賃の国民的相違」論は，「歴史的趨勢としての相対的労賃の低下と剰余価値率の増大」という新しい内容を加えられる。そして，「労賃の国民的相違」論は，内容を拡充されたことにともなって「第20章　労賃の国民的相違」として形式的な枠を与えられ，独立することになる。

2　第6篇「労賃」の意義とその独立

（a）第18章「時間賃金」・第19章「出来高賃金」の誕生と労賃論の有機的一体性

　初版の「労賃の国民的相違」論が，ドイツ語第2版では第20章「労賃の国民的相違」として独立する。このことは労賃論を構成している諸契機のそれぞれの意義を変化させずにはおかない。それはまず，時間賃金論と出来高賃金論の意義を変化させる。初版ではそれらは，第5章第2節「労働力の価格と剰余価値との量的変動」を補説するものであった。ドイツ語第2版においてもその関連は見失われてはいない[53]。しかし「労賃の国民的相違」論が第20章として独立したことにともなって，時間賃金論と出来高賃金論とは，第20章「労賃の国民的相違」の理論的前提という，より重要な意義を受け取ることになるのである。

第7章　『資本論』における労賃論の成立過程

　初版においても，なるほど「労賃の国民的相違」論の内容を展開するためには，労働者の相対的労賃を計算する方法として時間賃金と出来高賃金の計算方法が必要であり，それゆえある意味では理論的前提をなしていたと考えることも可能である。だが初版の「労賃の国民的相違」論は，それが収められた項目（第5章第4節（ｂ）項）の主要論点から外れた余論であった。なぜならその項目は「労賃の二つの基本形態——時間賃金と出来高賃金。」と名付けられ，まさしく時間賃金と出来高賃金の説明を行うことが眼目であったからである。したがって時間賃金論等は決して「労賃の国民的相違」論のために存在していたわけではない。時間賃金論等が存在した結果として，「労賃の国民的相違」論という余論を付加することができたのである。しかし「労賃の国民的相違」論が第20章として独立したドイツ語第2版においては，事情は違っている。時間賃金論と出来高賃金論とは，各国労働者の相対的労賃を計算するための前提条件という意義をもつことになる。

　また以上の考察から次の問題も解決される。それは，初版において時間賃金論と出来高賃金論とがまとめて第5章第4節（ｂ）項に収められ，後に分離して第18章および第19章をなしたのは何故かというものである。初版『資本論』第5章第2節「労働力の価格と剰余価値との量的変動」を補説するかぎりでは，時間賃金論と出来高賃金論とは趣旨を同じくする「並列的な関係」にあった。だからこそ両者は同じ項目に収められていたのである。しかし第20章「労賃の国民的相違」が誕生するや否や，時間賃金論と出来高賃金論とは，「二つの段階的な順序」であるという性格がますます強くなる。というのは，労賃の国際的比較を行うためには，第一段階として各国の日賃金を時間賃金に直し，第二段階として，それを出来高賃金に直さなくてはならないからである。そこで時間賃金と出来高賃金とは，段階的な順序に従ってそれぞれ第18章と第19章をなすことになった。

　新しく誕生した第20章「労賃の国民的相違」は，ドイツ語第2版の労賃論に対して有機的な体系性を与える。第17章「労働力の価値または価格の

203

労賃への転化」においては，労賃形態への批判ならびに労働力の価値または価格の労賃への転化が解き明かされ，第18章「時間賃金」では，労働力の価値または価格の直接的な転化形態である時間賃金の定義とその諸特徴が述べられ，第19章「出来高賃金」では出来高賃金の定義およびその諸特徴が説明されるのである。そして第20章「労賃の国民的相違」においては，時間賃金論および出来高賃金論を前提として労働者の相対的労賃が計算されうることが，まずもって述べられる。

（b）第20章「労賃の国民的相違」のテーマと労賃論の独立

ところでこの第20章のテーマは，資本主義的生産が発達するにつれて労働の強度・生産性が高まり，それにつれて剰余価値と比較した相対的労賃が歴史的傾向として低下してゆくということであった。しかし相対的労賃の歴史的低下傾向とは，裏を返せば剰余価値率の増大，つまり剰余価値率の歴史的上昇傾向のことを意味するのである。

マルクスはこの第20章において，生産性が上昇すればそれに比例して労賃も上昇するというケアリの学説を取り上げて，「剰余価値の生産に関するわれわれの分析は，この結論の誤りを証明するであろう」と，暗示している。このマルクスの言葉が意味しているのは，強度・生産性の高まりにつれて，労賃が同じ割合で上昇することはあり得ず，剰余価値の増大，剰余価値率の上昇に帰結するのだということである。

それでは，ここで剰余価値の増大および剰余価値率の上昇が語られているということは，何を意味するのだろうか。言い換えれば，剰余価値率のことが語られているこの場所には『資本論』第1部全体に対していかなる意義が付与されることになるのだろうか。それは言うまでもなく，第20章が——それの理論的前提となる第17章から第19章までを含めて——剰余価値論（第3篇〜第5篇）全体の補論であるということである。第20章において相対的労賃の歴史的低下とともに，剰余価値率の歴史的上昇傾向が語られていることによって，ドイツ語第2版における労賃論は，剰余価値論

全体の補論であるという意義を獲得する。

　労賃論が剰余価値論の補論であるからには，その意義にふさわしい形式的位置が与えられなくてはならない。初版では第５章なかんずく第２節「労働力の価格の剰余価値との量的変動」の補論であったから，労賃論は第５章の末節に位置づけられていた。しかし今や労賃論は，剰余価値論全体の補論という意義を有している。しかも独立の一篇をなすにふさわしく，内部に配置された各章が有機的に結合している。ここに至ってドイツ語第２版では労賃論が独立し第６篇「労賃」となったのである。

（ｃ）問題提起の変更と篇別構成の変化
　我々は，この章のはじめに問いの変更こそが篇別構成の変化をもたらすことに注目すべきであると注意を促しておいた。問いの変更はどこにあっただろうか。マルクスが追加注を付加したことによって，叙述上に「資本主義的生産が発達するに伴って剰余価値率は歴史的に上昇するのだろうか」という問いが暗黙に設定された。そして，その問いに応ずる形で，「歴史的趨勢としての相対的労賃の低下と剰余価値率の増大」というテーゼが導出されたのであった。
　このテーゼは，労賃論そのものに，初版『資本論』第５章の補論という意味だけでなく，剰余価値論全体の補論という意味を与えるに至った。そしてその労賃論の新しい意味を段階的に準備するために，労賃論は独立し，第６篇内部の諸章の編成の変更が行なわれたのである。したがって，労賃論が第６篇として独立し労賃論内部の編成が変更されたことは，労賃論に与えられた新しい問いとそれに対応するテーゼの付加と無関係ではない。我々は，古典派経済学が問いの誤りによって誤った答えを導き出したこととは対照的に，マルクスが，正しい問いをもって『資本論』を正しく篇別変更に導いたことを知るのである。

小　括

　現行版『資本論』においては，第6篇「労賃」は形式的には，第3篇から第5篇までの剰余価値論と第7篇の蓄積論とに挟まれている。我々が当初抱えていた問題とは，この第6篇「労賃」が剰余価値論の補論であるのか，それとも剰余価値論と蓄積論との媒介であるのかというものであった。そこで我々はひとまず初版からドイツ語第2版にかけて労賃論がなぜ独立したのかという問題に手をつけた。そこで明らかになったのは，初版の「労賃の国民的相違」論が拡充され，新しい問いと内容を獲得し，そのことによって労賃論自体が質的な変貌を遂げたということであった。新しい内容とは，相対的労賃の歴史的低下傾向および剰余価値率の歴史的上昇傾向のことである。そしてそのことが実証的に証明されたことを契機として，労賃は質的な変貌をとげる。それは，初版にあっては第5章の補論であったものが，ドイツ語第2版では，剰余価値論全体の補論へと意義づけが変化したということである。以上の考察によって我々は，労賃論が剰余価値論全体の補論となり，そのため不可避的に第6篇として独立したのだと結論することができよう。[57]

（1）　Д. И. Розенъерг《Комментарии ко первому, второму, и третьему томом "Капитала" К. Маркса》Москва，1961г. Д. И. ローゼンベルグ『資本論注解』宇高基輔・副島種典訳，青木書店，1962–1964年。
（2）　前掲訳書『資本論注解2』423–424ページ。
（3）　河上肇『資本論入門』青木文庫，1952年。
（4）　金子ハルオは，「たとえば第六編は全体として剰余価値論の補完部分なのであ」る（「資本論における賃金の本質的・一般的分析」『経済と経済学』第6号，1961年，93–94ページ）と述べている。
（5）　服部文男「マルクス労賃論の成立過程について―労賃論と資本蓄積論との連携―」（研究年報『経済学』第23巻第2号，1961年，4ページ）。
（6）　そもそも「労賃論が何故独立したのか」という問題は，いわゆるプラン問

第 7 章　『資本論』における労賃論の成立過程

題との関連で発生した。その嚆矢は三宅義夫「『資本論』体系と著述プラン（承前）」（『立教経済学』研究第 9 巻第 1 号，1954年）である。ここでは労賃論が『資本論』体系において占める意義とは何か，という問題に加えて，「労賃論が何故独立したのか」という問題も扱われている。その後，前出の金子ハルオ（1961年）と服部文男（1961年）とによる同時期の相対立する見解提示によって，労賃論の意義とは何かという問題が争点の性格を帯びるようになる。その後大内秀明「『労賃』について」（『唯物史観』5，河出書房，1967年）においてこの問題は再び取り上げられる。そして坂脇昭吉「『資本論』第 1 部第 6 編「労賃」独立の要因について（上）」（『千里山経済学』創刊号，1968年）において「労賃論はなぜ独立したのか」という問題を真正面から取り上げるに至る。近年においても原伸子「資本蓄積論と労賃との連繋に関する一考察」（『経済学研究』第45巻第 3 号，1981年）や鳥居伸好「マルクスの『1861－63年草稿』における労働力の価値の労賃への転化」（『愛知論叢』第37巻，1984年）によって，研究は引き継がれている。

（7）　たとえば鳥居伸好はつぎのように述べている。「『資本論』において第 6 編「労賃」というように，労賃の考察が一つの編として独立化するのは，『資本論』第 2 版（1872年）以降であり，『資本論』初版（1867年）では，第 2 版以降と叙述内容に関しては大きな違いはないにもかかわらず，労賃の考察は，「絶対的および相対的剰余価値についてのさらに詳しい研究」の項目のなかに属している」（前掲鳥居論文，27－28ページ）。

（8）　Karl Marx/Friedrich Engels: Gesamtausgabe (MEGA), Hrsg. vom Institute für Marxismus-Len-inismus beim ZK der KPdSU und vom Institute für Marxismus-Leninismus beim ZK der SED, Abt. 2, Bd. 6, Dietz Verlag, Berlin 1987, S. 693, 以下MEGA II /6, S.693と略記する。なおこの追加注（13）の執筆時期がいつであるのかは不明である。しかし「補遺」という性格から，第 2 版の改訂作業の終わり頃に書かれたと推定することができる。なぜならマルクスが第 2 版の労賃論改訂の作業を行っているときに書かれたのであれば，巻末の補遺ではなく本来のページに掲載されているはずだからである。なお第 2 版『資本論』の改訂作業の終わり頃の状況を，メガ編集部はつぎのように記している。

「第 2 版の仕事は主として1871年の12月から1872年の 3 月まで続いたが，それが完結をみたのは1873年の 1 月であった。その後書き《中略》は1873年 1 月24日に書かれている。1 月31日にはマイスナーはマルクスに宛てて最後の草稿を受け取ったことを伝えている。《中略》その発送のなかに後書き以外の最後の原稿が含まれていたかどうかは知られていない」（MEGA II /6, S.1118-1119）。

（9）　MEGA II /6, S.694.　追加注（13）は，同S.696.
（10）　MEGA II /6, S.700-701.

(11) 「極度の多忙のため,マルクスはドイツ語第2版については理論的補正を徹底的にやり終えることができなかった。《中略》そこでドイツ語第2版において完了しえなかった内容的補正の仕事がフランス語版にひきつがれて果たされることになった。それが第何篇第何章以降であるかはつまびらかではないが,できあがった結果を比較照合してみると,ほぼ第五篇第一四章「絶対的および相対的剰余価値」,あるいは最も広くとっても第四篇第一三章「機械と大工業」あたりからのちであろうと推定される」(林直道『フランス語版資本論の研究』大月書店,1975年,37頁)。この推定が正しいとすれば,第2版『資本論』の第6篇「労賃」こそは改訂の不十分な部分であったと言うことができる。

(12) 工場監督官レッドグレーヴの報告は,『工場監督官報告書,内相あて,1866年10月31日に終わる半年間』(Reports of the inspectors of factories to Her Majesty's Principal Secretary of State for the Home Department, for the half year ending 31st October 1866. London 1867.) に存在する。この工場監督官報告書は1867年に発行され,ここからマルクスも初版の『資本論』第6章「資本の蓄積過程」,(1)「資本主義的蓄積」の (c)「資本主義的蓄積の一般法則」に引用している (MEGA II /5, S.517.) したがってマルクスがレッドグレーヴの比較一覧表を知ったのもこれ以降の時期であると推定される。

(13) 表題変更および篇別変更以外に改変が加えられているものとしては,例えば第17章の労働力の価値または価格を労賃に転化させる「必然性」,「存在理由」の叙述部分に,若干の削除が行われているのを挙げることができる。

(14) 前掲鳥居論文「マルクスの『1861-63年草稿』における労働力の価値の労賃への転化」(『愛知論叢』第37巻,1984年) は,労賃論独立の問題へのひとつの接近方法として『資本論』以前の「1861-63年草稿」の労賃論を研究した労作であるが,労賃論の独立は『資本論』の第2版に生じたのであるから,その解答は『資本論』第2版そのものに求めるべきである。

(15) 1862年12月に書かれた第1巻のプランはつぎの通りである。『第1編「資本の生産過程」はつぎのように分けること。 一,序説。商品。貨幣。 二,貨幣の資本への転化。 三,絶対的剰余価値。(a)労働過程と価値増殖過程。(b)不変資本と可変資本。(c)絶対的剰余価値。(d)標準労働日のための闘争。(e)同時的な諸労働日(同時に働かされる労働者の数)。剰余価値の額と剰余価値の率(大きさと高さ?)。 四,相対的剰余価値。(a)単純な協業。(b)分業。(c)機械,等々。 五,絶対的剰余価値と相対的剰余価値との結合。賃労働と剰余価値との諸関係(比率)。資本のもとへの労働の形式的および実質的従属。資本の生産性。生産的および不生産的労働。 六,剰余価値の資本への再転化。本源的蓄積。ウェークフィールドの植民理論。 七,生産過程の結果。(第六章か第七章で取得法則の現象における変転を説明することができる。) 八,剰余価値に関する諸学説。」(MEGA II /3. 5, S. 1861-1862)。なお訳文は,『資本論

第7章 『資本論』における労賃論の成立過程

草稿集⑧』（資本論草稿翻訳委員会訳，大月書店）を用いた。
(16) 「労働者が自分の労働能力をそれの価値で売ること，すなわち，労働の価格あるいは労賃が労働能力の価値に一致していることが前提されている。この前提は，すでに繰り返して時おり述べてきたように，研究全体の基礎になっているものである。どの程度まで労賃そのものが労働能力の価値以上または価値以下に騰落するかは，必要労働と剰余労働とのあいだの配分［の変更］が生じうる，現れうる特殊な諸形態（日賃金，週賃金，出来高賃金，時間賃金，等々）の叙述とまったく同様に，労賃の章に属することである」（MEGA II/3. 1, S.171. なお訳文は『マルクス資本論草稿集④』（資本論草稿集翻訳委員会訳，大月書店）を用いた。
(17) MEGA II/3. 6, S.2106. なお訳文は，『資本論草稿集⑨』（資本論草稿集翻訳委員会訳，大月書店）を用いた。以下同じ。
(18) メガ編集部によって「[労賃と剰余価値との関係]」と名づけられた部分であって，その叙述はMEGA II/3. 6, S.2092からはじまっている。
(19) MEGA II/3. 6, S.2093.
(20) MEGA II/3. 6, S. 2105.マルクスは労働日の延長を考察する箇所で「二つの場合を研究するだけでよい」（MEGA II/3. 6, S.2095.）と述べていたが，叙述の進行にともなって，もう一つの場合を追加することにしたのである。
(21) MEGA II/3. 6, S.2101.
(22) MEGA II/3. 6, S.2102-3.
(23) MEGA II/3. 6, S.2102.なお，労働日の延長が通常の事態となり，超過時間に対して労賃が支払われないとすれば，労賃と剰余価値との比率を変動させるものは，剰余価値の絶対的増大ではなく，労働力の価値の絶対的下落である。というのは，その場合労働寿命は縮小し，労働者がその生涯を通して手にする賃金の総額も少なくなるからである。この労働力の価値の絶対的下落もまた，時間賃率を計算してみれば，一時間労働の価格の下落として現れる。「労働能力の一二時間労働と，一〇時間労働日とを比べると，労働能力の耐久期間に変化のあることが前提されているかぎりでは，この変化（一時間労働の価格の下落）はまた，労働能力の現実の減価をも意味している」（MEGA II/3. 6, S.2102.）。
(24) MEGA II/3. 6, S.2105. 超過労働時間につき従来の割合で賃金が支払われる場合，労賃総額は騰貴するが，そのためにははじめから時間賃率が確定されていなくてはならない。この事情をシュヴァルツはつぎのように表現している。「労働時間が延長された場合の労賃騰貴の過程は，時間賃金を基礎として行われ，『労働の価格』が与えられている場合もあるいはそれが固定されている場合に始まるのである。何よりもまずこの点こそ，マルクスが資本と労働との一般的な関係のところで《中略》労賃の形態転化を主題として扱うことの唯

209

一の明らかな理由なのである。」(Winfried Schwarz: Die Strukturgeschichte des Marxschen Hauptwerkes. Vom "Rohentwurf" zum "Kapital", deb, Berlin/w. 1978. ヴィンフリート・シュヴァルツ『資本論体系成立史』法政大学出版局, 1986年, 119頁)。

(25) MEGA II/3. 6, S.2106. 本文で示したとおり, マルクスが時間賃金論ひいては労働力の価値または価格への転化に関する叙述に踏み込んだのは, 労働力の価格と剰余価値との比率的な変動をより具体的な次元で説き明かすためであった。たとえばシュヴァルツの指摘するように労働時間が超過した場合, 超過賃金は時間賃率を通して支払われるのだから, 時間賃金をあらかじめ導入しておかなければならないのである。だから, 「1861−63年草稿」においてマルクスが労賃論に筆を及ばせたのは, 剰余価値論なかんずく「労働力の価格と剰余価値との量的変動」の内容を補説するためであった。原伸子は反対にこの労賃論を「資本蓄積論展開への布石」(前掲論文, 78ページ)として用意されたものと捉えるが, この見解は我々の見地からすれば受け入れ難い。

(26) MEGA II/3. 6, S.2106.
(27) この部分はMEGA II/3. 6, S.2098.から始まっている。
(28) MEGA II/3. 6, S. 2098.
(29) MEGA II/3. 6, S. 2098.
(30) MEGA II/3. 6, S. 2099.
(31) MEGA II/3. 6, S. 2099.
(32) MEGA II/3. 6, S. 2099.
(33) MEGA II/3. 6, S. 2100-2101.
(34) 周知のように現行版『資本論』第17章「労働力の価値または価格の労賃への転化」では, 労働力の価値または価格が労賃へ転化することの「必然性」「存在理由」が説明されている。しかし, それと同時に説明する前に労賃範疇の不合理性に対する批判を述べている部分が存在する。「1861−63年草稿」における「時間賃金を導入するにあたっての批判的考察」は, 『資本論』における労賃範疇の不合理性に対する批判を述べている部分が存在する。「1861−63年草稿」における「時間賃金を導入するにあたっての批判的考察」は, 『資本論』における労賃範疇への批判の萌芽とみることができよう。
(35) それでは, 初版における労賃論は, 第2節「労働力の価格と剰余価値との量的変動」としか関わりをもっていないのだろうか。そうではない。「1861−63年草稿」には, 初版『資本論』の第5章第3節「剰余価値率を表す種々の定式」と, 労賃論との関連を示唆する文言も存在する。たとえばつぎの文言は, 古典派の剰余価値率の定式と, 労働力の価値または価格を労賃へ転化させる「必然性」「存在理由」との関わりを示すものとして注意すべきである。「この定式(古典派の剰余価値率の定式のこと)は, 貨幣が支払手段として現れるのだから,

《中略》それだけになおのこと重要になるのである」（MEGA Ⅱ/3. 6, S.2110.）。このことは，賃金「後払い」によって剰余価値率の定式Ⅱが確立するという事実と関連する。本書第3章を参照されたい。

(36) MEGA Ⅱ/5, S.440. なお，同書S.453-4. にも同じ文言が存在する。なお三宅義夫は，「労働力の価格と剰余価値との量的変動」への参照指示が，現行版の第18章「時間賃金」および第20章「労賃の国民的相違」に存在していることから，つぎのように結論する。「第十五－二〇章は多かれ少なかれ一体的有機的な関連と順序とをもっているのである」（前掲三宅論文，64頁）。三宅はこのことを現行版について述べているのであるが，このような「一体的有機的な関連と順序」はむしろ，労賃論が第5章第4節に位置していた初版においてこそ当てはまると言うべきであろう。

(37) 『資本論』第1部における労賃論の内容を解明するという観点から，この「労賃の国民的相違」論を分析した論稿は驚くほど少ない。金子ハルオが述べているように「第二〇章『賃金の国民的相違』も賃金の本質的把握の深刻のために（第六編では）ふれたにとどまるのであって，その詳細な規定は後の課題に残されているのである」（金子，前掲，93－94ページ）。

(38) MEGA Ⅱ/5, S.454. なお訳文は，『資本論草稿集』⑧（資本論草稿翻訳委員会訳，大月書店）を用いた。

(39) MEGA Ⅱ/5, S.454.

(40) MEGA Ⅱ/5, S.454.

(41) MEGA Ⅱ/5, S.455.

(42) MEGA Ⅱ/5, S.455.

(43) 「まだしも上出来なのは，彼（ケアリ）が，事態は現実の上でも理論上そうなるべきようになっている，とは主張していないことである」（MEGA Ⅱ/5, S.455.）

(44) MEGA Ⅱ/5, S.456.

(45) 初版における「労賃の国民的相違」論の眼目が「ケアリ批判」にあるということを最初に述べたのは木下悦二「国際価値論」（『資本論講座 第4巻』青木書店，に所収）である。マルクスのケアリに対する対抗意識は，1852年4月30日付エンゲルス宛の手紙の中に見受けられる。「ケアリ氏が『利害関係の調和』という経済学書を公刊するだろうということは，僕は最初の印刷物を目にしたときから予想していた」（MEGA Ⅲ/5, S.106.）。ここに「最初の印刷物」とあるのは，まさしく『資本論』で批判されている。"Essay on the rate of wages: with an examination of the causes of the differences in the condition of the labouring population throughout the world." Philadelphia, London 1835.（『賃金率試論。世界における労働人口の状態の諸差異の原因の検討を付す』フィラデルフィア，ロンドン，1835年）のことである。『利害関係の調和』は『賃

金率試論』の所説がさらに発展させられたものだが，前者への批判は，1853年6月14日エンゲルス宛の手紙のなかで開陳されている。この手紙は，のちに『資本論』で行われるケアリ批判の内容の多くを含むものであろう。こうしたケアリ批判は『資本論』以前の草稿のなかでも散見されるものだが，それにつけてもマルクスはいつかケアリに対する批判を著作のなかで公開するという意志を早い時期から固めていたように思われる。

(46) MEGA II/6, S.520. なおこのマルクスによる引用は，Ure, Andrew: The philosophy of manufactures: or, an exposition of the scientific, moral, and commercial economy of the factory system of Great Bretain. (2. ed., corr. London 1835.) の314ページから取られている。このカウエルの「結論」を述べた脚注66は，初版の脚注65と趣旨を同じくしている。「ジェームズ・アンダーソンは，A・スミスへの反論のなかでこう述べている。『…土地の生産物が安くしかも穀物一般が安い貧国では，労働の外観上の価格は，ほかの国々よりも低いのが常であるとはいえ，…ほかの国々に比べて実質的に高いのである。なぜならば，労働者に一日当たりで与えられる賃金は，労働の外観上の価格ではあるが，労働のほんとうの価格を構成するものではないからである。ほんとうの価格は，ある量の労働を行わせるために雇主がじっさいに費やすものである』(MEGA II/6, S.520.) ここに「労働の外観上の価格」とは名目賃金のことであり，「労働のほんとうの価格」とは相対的労賃のことである。「貧国」では名目賃金は低いけれども相対的労賃は高い。すなわちこの脚注65の内容は脚注66のカウエルの「報告」と趣旨を同じくしているのである。第2版では両方の脚注は相変わらず脚注のままであるが，フランス語版では両者は脚注ではなく本文に格上げされている。また第2版で追加注 (13) として初登場したレッドグレーヴの「証明」も，フランス語版では本文に格上げされている。「アメリカ版への編集指図書」(MEGA II/8, S.25, 特にS.28.) では，これらアンダーソンの「反論」，カウエルの「結論」およびレッドグレーヴの「証明」の扱いは，フランス語版に従うこととされている。なお，『資本論』(第3版) 並びに現行版では，アンダーソンの「反論」は脚注扱いであり，カウエルの「結論」とレッドグレーヴの「証明」とは同じ一つの段落に収められて本文の扱いとなっている。

(47) MEGA II/6, S.696.

(48) MEGA II/6, S.698.

(49) MEGA II/6, S.698.

(50) マルクスはこの「一工場あたりの平均紡錘数」の比較一覧表から紡績業の発達傾向を読み取っている。同時代における諸地域の経済的差異のうちに歴史的傾向を読み取るというマルクスの方法はたとえば次の言葉に示されている。「産業の発展のより高い国は，その発展のより低い国に，ただこの国自身の未来の姿を示しているだけである」(『資本論』第1版序文。MEGA II/5, S.12.)。

第 7 章　『資本論』における労賃論の成立過程

(51)　第 2 版でこのような資本主義的発展と労働強度の関係が明確にされたからこそ，フランス語版で次のような文言が新しく付け加えられることになったのである。「ある国で資本主義的生産がより発展しているのに応じて，それと同じ度合で，（一国の）労働の平均的強度も生産性もそこでは国際的水準を越えている。」（MEGA II/7, S.484.）

(52)　レッドグレーヴのこの比較一覧表並びにその説明が第 2 版で「追加注」という形式をとっていたのは，言うまでもなくそれが追加された当の脚注66が本文ではなく脚注であったからである。しかし後に改訂の行われたフランス語版では，脚注66とともに追加注（13）もまた本文に格上げされている。詳しくは本章の脚注（10）を参照のこと。

(53)　「そこでさしあたり注意すべきことは，第15章で述べておいた労働力の価格と剰余価値の量的変動とに関する諸法則が，簡単な形態変化を経て労賃の諸法則に転化する，ということである。」（MEGA II/6, S.505.）。

(54)　「賃金を増加させる唯一の方法は，労働をヨリ生産的に行うことであるが，そのことは，あらゆる人をして自分の資本と能力とを最も得だと思えるやり方で使用させることによってのみ達成されうるのである。」（H. Carey, *ibid.*, p.17）

(55)　MEGA II/6, S.520.

(56)　松石勝彦は「第二〇章（現行版）『労働賃金の国民的相違』こそ，剰余価値と直接関係なく，固有の賃金労働論である」（種瀬茂編著『資本論の研究』青木書店，1986年，166ページ）として，この章と剰余価値論との関連を認めていない。しかし，相対的労賃の低下が同時に剰余価値率の増加であることは明らかであり，またマルクスは，ケアリ流の賃金学説は，「剰余価値論の全分析」からして間違っていると述べているのだから，剰余価値論との関連を否定することはできないと思われる。

(57)　服部文男「マルクス労賃論の成立過程について」（研究年報『経済学』第23巻第 2 号，1961年）は，マルクス労賃論の成立過程を資本蓄積論の成立に即して解き明かした労作であるが，「『労働の価格』を論ずる狭義の『労賃』論」が「『資本論』初版ではなお独立の位置を得ることなく，再版において，一個独立の篇をなすにいたった」（30ページ）理由の説明が不十分であるように思われる。もし労賃論と蓄積論とが内容的に連繋しつつ成立したのなら，なぜ初版の時点で労賃論は独立しなかったのだろうか。ドイツ語第 2 版で労賃論が独立したのは，その叙述改変によって「蓄積論の前提」ではなく「剰余価値論全体の補論」という性質をあらわにしたからだと考えたほうが適切であるように思われる。

終　章

　言うまでもなく経済学は歴史科学である。だが我々はこの論文では，可能な限り非歴史的にふるまった。それは何故か。それは，我々の対象領域が経済学ではなく，むしろ経済学批判だったからである。

　我々は，第1篇でリカードウの剰余価値に関する認識を取り扱った。その結果，我々は，マルクスにしたがって，リカードウの誤りが剰余価値の存在根拠に関する問いの不在に起因していることを突き止めた。そして，マルクスはそのリカードウの誤りが絶対的剰余価値の見落としから結果していることを認識した。我々は，マルクスのその認識を梃子として，リカードウの誤りが，後世の経済学にいかに影響を及ぼしていたのかを確認したのである。

　そのさい我々は，リカードウ自身の誤りを彼の時代の古さに起因させることはしなかった。否，マルクスは，リカードウの誤りの原因をその時代の古さに起因させることはしなかった。マルクスはあたかも，リカードウを同時代人のように扱い，リカードウの著作を同時代の人間の著作のように扱い，そして批判をおこなったのである。

　マルクスは政治経済学の批判を行なうさい，彼らの誤りを決して彼ら自身の生きていた時代の古さに起因させてはいない。たとえば「剰余価値学説史」をとりあげてみよう。

　ここで注目すべきなのは，マルクスがアダム・スミスとリカードウの労働力の把握について述べているくだりである。

　　彼（スミス）が，この［価値法則にたいする］矛盾を感知し，かつ強調していることは彼の理論的強みであるが，それとちょうど同じ程度に，次のことは彼の理論的な弱みである。すなわち，彼が，この矛盾のために，単なる商品交換にたいしてすら一般的法則について当惑しているこ

215

と，また，彼が，この矛盾の生ずるのは，労働能力そのものが商品になることによってであり，そしてこの特殊な商品の場合には，その使用価値，つまり，その交換価値とはなんの関係もない使用価値そのものが，交換価値をつくりだすエネルギーであることによってであることを洞察していないということである。リカードウがA・スミスよりすぐれているのは，これらの外観上の，結果的には矛盾によって惑わされていないことである。彼がA・スミスより劣っているのは，ここに一つの問題があることにまったく気づいていないということ，したがって価値法則が資本形成とともにとるところの特殊な発展によってほんの一瞬のあいだも当惑させられることなく，煩わされもしていないということである(1)。

 スミスがリカードウより優れている点は，彼が「大きな労働」と「小さな労働」との交換という矛盾に気づいていることである。言い換えれば，リカードウがスミスに対して劣っている点は，その矛盾に気づいていないことである。また，スミスがリカードウに劣っている点とは，スミスが矛盾に気づいていたために，資本蓄積と土地の占有の発生という条件にともなって価値法則を曲げなければならなかったということである。リカードウがスミスに優っている点とは，矛盾に気がつかなかったために，利潤と賃金，地代といった収入の分配に関する研究に没頭できたことである。つまり，スミスはリカードウよりも古いが，決してその理屈が劣っているわけではない。リカードウはスミスより新しいが，決して経済学が進歩しているわけではない。

 上記文言では，マルクスは決して，彼らの有利と不利とを，彼らの時代性に起因させることはしていない。あたかも彼らを同時代人として扱って，更に言えばマルクスもまた彼らと同じ時代の人間として交わって，批評を交わしているがごとくである。

 フランスの哲学者ルイ・アルチュセールはこれに関して次のように述べている。

終　章

　古典派経済学が見ないものは，古典派経済学が見てはいないものではなく，見ているものなのである。それは古典派経済学に欠如したものではなく，逆に古典派経済学に欠如していないものである。それは古典派経済学が見逃したものではなく，逆に古典派経済学が見逃さなかったものである。⁽²⁾

　スミスもリカードウもマルクスも，同じ対象を見ていたのだ。しかし結論は違った。その違いはどこに起因するのか。それは再三述べたように，問いを新しい方向へ転換させたことである。
　我々がこの論文でリカードウを読み，ついでマルクスを読んできたのは，ほかならぬこの方法によるものであった。したがってアルチュセールの導きによって，この論文は書き進められたのである。
　しかし，上述のアルチュセールの方法は無条件に正しいものであろうか？
　我々は再び「剰余価値学説史」をひもといてみよう。「学説史」において最初に取り上げられているのは，サー・ジェイムズ・スチュアートである。スチュアートは重商主義学説の「科学的」再生産者として紹介されている。つまり利潤が商品の譲渡によって生まれるとする学説の「科学的」再生産者なのである。一見すると，スチュアートが「科学的」であろうとなかろうと，重商主義者であることは確かである。だから，その意味では，「剰余価値学説史」に取り上げるのは不適切であるといえる。しかしマルクスが敢えてスチュアートを「学説史」に取り上げているのは，スチュアートが譲渡にもとづく利潤のほかに「労働，勤労および熟練の増加から生ずる」「積極的価値」を指摘しているからである。⁽³⁾ これは剰余価値を特殊な形態で発見したという事実にほかならない。
　特殊な形態であっても，スチュアートは剰余価値を把握している。つまりスチュアートが「剰余価値学説史」のなかで取り上げられたのは，重商主義という，歴史的に古くかつ狭い視野のなかにあっても後世の経済学を

217

先取りしていたからである。言いかえれば，スチュアートが後世の経済学を先取りしていた限りにおいて，彼は「剰余価値学説史」に取り上げられているのである。

　スチュアートについて言えることは，重農学派についても言える。マルクスが重農学派を引き合いに出すのは，農業を，剰余生産物を生産する特殊な一部門として取り扱う限りでのことである。つまり，農業生産物の一部を，地代という特殊な形態の剰余生産物として彼らが取り扱っていると見なされる限り，重農学派は「剰余価値学説史」に登場する資格を与えられたのだ。

　それ以外にもマルクスが取り上げている経済の学派，経済学者，経世家はあまた存在するであろう。しかし，取り上げられていないものも同時に存在するであろう。それらがマルクスの著作から排除されたのは，一言で言えば，商品経済および資本主義的生産様式を考察していないからである。さらに言えば，資本主義的生産様式の同時代人ではないからである。

　むろん，資本主義時代の住人でないという点では，スチュアートも同じである。しかし，彼らは資本主義を，それ以前の時代にあっても，先取りして考察したという点において，やはり同時代人なのである。

　ここで最初の問題にもどろう。マルクス以前の経済学者の学説を，それが歴史的に古いからといって済ますのは，正しい態度であろうか。それは正しいことではなく，また同時に正しい。言い換えれば，経済学の歴史を，歴史の進行それ自体に即して理解するのは正しくないし，同時に，正しい。

　正しくないというのは，次の理由からである。古い学説であっても，商品生産社会の真実，資本主義的生産様式を洞察している場合がある。スミス，リカードウはもとよりスチュアートでさえもである。こうした場合，彼らの生きていた時代の古さを根拠として彼らの学説を評価するのは，明らかに誤っている。

　では，経済学の歴史を，歴史の進行それ自体に即して理解するのは正しいだろうか。それはある意味では正しい。なぜなら，「剰余価値学説史」

終　章

を見れば分かるとおり，それはなるほどジェームズ・スチュアートから始まっているけれども，それ以前の経済学に関しては何も書かれていないからだ。また，経済学に携わった人々がみな，マルクスと同じ現実を見ていたと考えるのは明らかに間違っている。アリストテレスは等価形態の第2，第3の独自性にまで迫った。そして価値形態をなす二種類の商品の間に，共通の実体が存在するのではないかという事実上の問いを発したのである。しかしアリストテレスがそれ以上に進むことは不可能だった。それはギリシャ社会が「人間およびその労働力の不平等を自然的基礎としていたからである」。

したがって，経済学をすべてマルクスと同時代のものとみなすことには無理があるのである。あるいはマルクスが見ていたものが，同時にすべての古今東西のあらゆる経済学徒の見るところとなっていたと考えるのには無理があるのである。そのような意味で，上述のアルチュセールの方法には限界があると言わざるを得ない。その限界とは，言うまでもなく，歴史という限界である。それはアリストテレスの天才でさえ乗り越えられなかった歴史の壁であり，資本主義の発達と未発達とを分け隔てる歴史の壁である。

資本主義以前にも資本主義への洞察を示した者はいた。しかし，その場合「事実上」それを行なったのであり，「意識的」にそれを行なったのではない。スチュアートは「積極的利潤」を提唱したけれども，「それがどのようにしてこれから生ずるかについては《中略》少しも答弁しようとしていない」。

したがって結論としては次のようになる。経済学の歴史——それはマルクス以前のものも含まれるしマルクス以降のものも含まれるが——を分析するための梃子として，問いの違い，問いの誤り，問いの在不在に注目して，それを理論の核とみなし，経済理論の構造を分析する方法は，有用である。しかし，その方法には越えることのできない限界がある。それは，ほかならぬ歴史である。資本主義的生産様式の時代，およびそれに関連す

219

る時代の理論については，問いを契機とした方法は有効だろう。なぜなら，経済学者が同じ対象を見ていると見なせるのだから。彼らに違いがあるとすれば，それは問いの違いに起因するものにほかならない。だが，忘れてはならないことは，問いの違いの究明に汲々とするあまり，その歴史的限界を忘れるということである。そのとき，ひとは正しい方法をふみはずし，経済学を観念論の彼方に追いやることになるだろう。

(1) Karl Marx/Friedrich Engels: Gesamtausgabe (MEGA), Hrsg. vom Institute für Marxismus-Len-inismus beim ZK der KPdSU und vom Institute für Marxismus-Leninismus beim ZK der SED, Abt. 2, Bd. 3, Teil.2, Dietz Verlag, Berlin 1977, S.379-380.
(2) Louis Arthusser, Jacques Ranciere, Pierre Macherey, *Lire le Capital*, tome Ⅰ, Francois Maspero 1965). ルイ・アルチュセール，ジャック・ランシエール，ピエール・マシュレー『資本論を読む』(ちくま学芸文庫，上巻、34ページ)。
(3) MEGA Ⅱ/3. 2, S.334.
(4) MEGA Ⅱ/10, S.60.
(5) MEGA Ⅱ/3. 2, S.334.

あとがき

　この本は，東京都立大学（現・首都大学東京）の大学院へ博士論文として提出したものに，加筆・補正を加えて出版したものである。その加筆・補正の程度は大きなものではなかった。しかし，各論文を博士論文としてまとめるにあたっては，大幅な加筆・補正を施す必要のある場合もあった。
　それぞれの章は，独立した論文をもとにしており，なるべく内容的な統一を図るつもりであったが，その点は至らなかったかもしれない。
　初出一覧は次のとおりである。

論文初出一覧
　はじめに：博士論文作成にあたって書き下ろしたものである。
　第1章：「剰余価値の原因への問い」（『アルテス リベラレス』（岩手大学人文社会科学部紀要）第64号，1999年6月）
　第2章：「リカードウ分配論とマルクス剰余価値論」（『アルテス リベラレス』第66号，2000年6月）
　第3章：「古典派経済学の剰余価値率と近代経済学の分配率」（『マルクス・エンゲルス・マルクス主義研究』第46号，2006年8月）
　第4章：「ジョン・スチュアート・ミルにおける剰余価値率と利潤率」（『アルテス リベラレス』第79号，2006年12月）
　第5章：「リカードウ価値論における一般的利潤率」（『アルテス リベラレス』第77号，2005年12月）
　第6章：「『労働力の価値または価格の労賃への転化』について」（『経済と経済学』（東京都立大学経済学会紀要）第80号，1996年1月）
　第7章：「『資本論』における労賃論の成立過程」（『土地制度史学』160号，1998年7月）

1998年に岩手大学に赴任した当初から私の頭を占めていたのは，マルクスと古典派経済学との根本的な違いはどこにあるのか？というものだった。伝統的・正統派的な信条に従えば，マルクスは古典派経済学の正統的な後継者ということになる。この信条は，私の知る限りレーニンの『マルクス主義の三つの源泉と三つの構成部分』に始まるものであった。しかし，マルクスの盟友エンゲルスは，特に『資本論』第2巻の序文などで，古典派とマルクスの断絶を強調しているように思われた。このことは，レーニンに始まる正統派的信条よりもエンゲルスにしたがったほうが正しいということを意味する。それではマルクス自身が，自らと古典派との断絶を意識している部分はどこかと私は問うた。『資本論』第1巻においては第5篇がそうであるように考えられた。そして，その第5篇の内容の成立過程を研究してみると，やはりマルクスは，古典派の「剰余価値」論と自らの剰余価値論との違いを鮮明に浮き立たせている。そして、「1861－63年草稿」と『資本論』を総合的に見渡す限り，マルクスは彼我のちがいを，問いの違いに帰せしめている。

　この思索が結実したのが，本書第1章をなす論文「剰余価値の原因への問い」である。

　ここで意見をさしはさむ人がいるかもしれない。問いの違いをもって古典派とマルクスとの違いを論じるのは，アルチュセールが唱えた，マルクスによる「徴候的な読み方」と似ているのではないか，というものである。古典派経済学は「労働の価値とは何か？」と問うことによって，実質的に正しい解答に達しながらも，形式的に自分たちの到達点を知らなかったばかりに，堂々巡りをせざるを得なかった。彼らが問うべきだったのは「労働力の価値とは何か？」とアルチュセールは，第1巻第6篇でマルクスの叙述に依拠しながら述べている。

　しかし，アルチュセールの主張は，結局のところ，エンゲルスの主張を敷衍したものと見ることができる。少なくとも「徴候的な読み方」にかんしてはそうである。したがって，アルチュセールの「徴候的な読み方」に

あとがき

かんして言えば，それはエンゲルスの主張を敷衍したという意味でのみ正しいし，また本書の採った方法も正しいということになる。

第一論文「剰余価値の原因への問い」は，マルクスの剰余価値概念と古典派の「剰余価値」概念とが，どのように異なっているか，そしてそれは何故か？ということを問題とした。

第1章，第2章および第3章は，それぞれ（現行版でいえば）『資本論』第14章，第15章および第16章の内容に対応している。これらの部分は統一された解釈がほとんどなく，それゆえ，マルクスの問いと古典派の問いとを比較考量して全体的な解釈を試みた。

ジョン・スチュアート・ミルに関する第4章，およびリカードゥに関する第5章は，ちょくせつ『資本論』に関係する内容のものでないため，補論の扱いにすることも考えたが，古典派の問いの誤りとマルクスの正しい問いとを比較する内容が含まれているため，前3章と同様の趣旨をもっていると考えられ，ともに第4章，第5章とした。

第6章については詳細に述べておきたい。この章は，もともと著者の修士論文であった。そしてこの結論は，従来までの通説ともいえる「後払い」説を中心たる根拠として論じたものであった。つまり，労働力の価値または価格の労賃への転化にさいして，積極的な作用を及ぼす根拠は，賃金「後払い」だけであると主張するものであった。しかしその後，『資本論』にもとづいて考察を深めていった結果，そもそもマルクスは，「労賃」形態というイデオロギーの「生産」を問題にしているのではなく，その「再生産」されるところの事情を説明しているにすぎないという理解に達した。そして，その理解を土台として（現行版でいえば）『資本論』第17章に該当する部分の叙述変更の意味をさぐることになった。したがって，この章は複数の課題をもつことになり，叙述は複雑なものになった。

第7章は，かねてより学界で問題となっていた論争に一石を投じたものである。すなわち，労賃論は剰余価値の補論であるのか，それとも，それと同時に蓄積論の前提でもあるのか？という論争である。

ところで，第6章と第7章は，『資本論』じたいの叙述変更の理由を研究するものであった。そして叙述変更に，マルクス自身の（古典派とは無関係に）問いの変更があったとする結論を導いた。つまり，第5章までは，マルクスの問いと古典派の誤った問いとが比較されていたのに対し，第6章・第7章で比較されているのは，以前のマルクスの問いと以後のマルクスの問いなのである。したがって，第6章・第7章は，それ以前の章とは趣を異にすることから，篇を分けることにした。

　末筆ながら，この本の出版にあたって尽力してくれた八朔社の片倉氏に，謝辞を捧げておきたい。

齊藤　彰一

[著者略歴]

齊藤　彰一（さいとう　しょういち）

1969年　東京都新宿区に生まれる
1993年　早稲田大学政治経済学部経済学科卒業
1998年　東京都立大学社会科学研究科（現・首都大学東京）単位取得退学
1998年　岩手大学人文社会科学部専任講師
2001年　同大学助教授（准教授）
2007年　博士（経済学）
著　書　『「学説史」から始める経済学』（共著）八朔社，2009年

マルクス剰余価値論の地層

2012年2月20日　第1刷発行

著　者　齊藤　彰一
発行者　片倉　和夫

発行所　株式会社　八朔社
　　　　　　　　　　　はっ　さく　しゃ

東京都新宿区神楽坂2-19　銀鈴会館
振替口座・東京00120-0-111135番
Tel 03-3235-1553　Fax 03-3235-5910

ⓒ齊藤彰一，2012　　組版・アベル社／印刷製本・平文社

― 八朔社 ―

大村泉／宮川彰・編
新MEGA第Ⅱ部関連内外研究文献
マルクス／エンゲルス著作邦訳史集成　六三〇〇円

大村泉著
新MEGAと《資本論》の成立　七二八二円

大村泉／宮川彰／大和田寛編著
『学説史』から始める経済学
剰余価値とは何か　二四〇〇円

宮川彰著
再生産論の基礎構造
理論発展史的接近　六〇〇〇円

市原健志著
再生産論史研究　六〇〇〇円

小林賢齊著
マルクス「信用論」の解明　八〇〇〇円

定価は本体価格です